浙江省哲学社会科学规划课题成果（项目编号：22NDJC335YBM）

中国涉企收费的
概念框架与减负机制

ZHONGGUO SHEQI SHOUFEI DE
GAINIAN KUANGJIA YU JIANFU JIZHI

蒋文超 著

中国财经出版传媒集团

经济科学出版社
Economic Science Press

图书在版编目（CIP）数据

中国涉企收费的概念框架与减负机制／蒋文超著
. -- 北京：经济科学出版社，2022. 11
ISBN 978 - 7 - 5218 - 4372 - 9

Ⅰ. ①中… Ⅱ. ①蒋… Ⅲ. ①企业管理 - 费用 - 研究
- 中国 Ⅳ. ①F279. 235

中国版本图书馆 CIP 数据核字（2022）第 223968 号

责任编辑：杜　鹏　刘　悦
责任校对：齐　杰
责任印制：邱　天

中国涉企收费的概念框架与减负机制
蒋文超　著
经济科学出版社出版、发行　新华书店经销
社址：北京市海淀区阜成路甲 28 号　邮编：100142
编辑部电话：010 - 88191441　发行部电话：010 - 88191522
网址：www. esp. com. cn
电子邮箱：esp_bj@ 163. com
天猫网店：经济科学出版社旗舰店
网址：http：//jjkxcbs. tmall. com
固安华明印业有限公司印装
710 × 1000　16 开　13 印张　190000 字
2023 年 3 月第 1 版　2023 年 3 月第 1 次印刷
ISBN 978 - 7 - 5218 - 4372 - 9　定价：76. 00 元

前　　言

　　新冠肺炎疫情暴发后，国家紧急出台了三批支持疫情防控和帮助企业复工复产的税费优惠政策，各地政府为有效应对疫情给经济发展带来的不利影响，适时推出了地方版减税降费专项举措。例如，浙江省颁布了《关于支持小微企业渡过难关的意见》，推出减免税费、返还失业保险费、缓缴社保费用等措施；山东省政府制定的《关于抓好保居民就业、保基本民生、保市场主体工作十条措施》中提出继续保持省级涉企行政事业性费用"零收费"，延长中小微企业的基本养老保险、失业保险、工伤保险的免收政策，符合条件的企业可以缓缴部分涉企收费，免收期间滞纳金。整体而言，"十三五"时期我国减税降费累计超过 7.6 万亿元，"十四五"规划中提出持续推进减税降费。降低经营成本已成为企业对政府宏观政策的重要期待，也演变为财政举措的新常态。具体到市场主体层面，中国制度背景下的涉企收费征管体制存在行政发包特征，中央不断加码的减负政策在地方政府执行过程中显现出非普惠性和滞后性问题，费用制定主体多元化、征管主体分散化事实上赋予了各级政府减负政策自由裁量权，进一步加剧了地区性差异，例如浙江、安徽、广东等省份已率先实现省级行政事业性收费清零，而部分省份的省级涉企收费项目则依然数量较多。

　　经济学界著名的"拉弗曲线"理论指出，政府财政增收与企业减负并非完全矛盾，两者之间存在辩证统一关系。在一定限度内，提高税率能增加政府税收收入，但超过某一临界值后，继续提高税率反而会降低政府的税收收入。因为高税率将抑制经济的增长，萎缩税基会恶化财政收入。反之，减税降费既是做企业负担的"减法"，也是做经济可持续发展的"加法"。基于"水深鱼归、水多鱼多"的理念，有助于同步实现税基扩大与财政增收。具体到研究文献层面，减税降费的现有研究大多围绕税收领域，且相关议题聚焦于减税的经济效益。例如，部分学者认为，增加企业税负会一定程度上抑制国内生产总值（GDP），所得税税率下降将提高劳均增加值，减税政策有利于促进地区高质量就业。涉企收费作为政府施加于企业负担的两种要素之一，管理复杂性和征收规模性体现了其重要地位，但相关的系统性研究较少，且主要是理论分析和政策评述，例如从平等协商机制、透明收费机制、政策落实机制、合理竞争机制等方面构建长效管控机制，建立适用全国的涉企收费分类体系和行政复议机制。因此，在经济高质量发展的关键时期有必要研究降费政策的实施效果与影响因素，并从实证角度为政策制定提供数据支持。

本书共分为四章，其中，第一章为"涉企收费概念框架"，内容涵盖涉企收费的概念内涵与外延辨析，行政事业性收费与政府性基金的特征定性、适用困境等方面机理研究，以及分类标准体系构建。第二章为"涉企收费的政策背景与现实负担"，梳理与总结涉企收费的分项管理模式、征管现状，量化与评价多层次费用负担异质性，解构涉企收费征管现状与现实负担的内在逻辑。第三章为"中国政策语境下涉企收费减负机制的实证研究"，以地方政商关系、地方政府效率、机构调研、地方营商环境作为切入点，基于实证数据定量分析涉企收费减负效应以及清单制的调节作用，并在此基础上描绘降费政策对经济增长的作用形式，探究减负效应衍生的财政压力，以期廓清近期热门政策词汇之间关联关系。第四章为"新时代涉企收费政策建议"，基于税收领域的真实案例剖析行政复议制度，在此基础上结合前述章节内容从完善征管机制、推进信息公开机制和应对降费强度三个维度提出涉企收费相关政策的优化路径。

本书的理论意义与创新之处体现在四个方面。第一，完成涉企收费概念的内涵界定与外延扩容。近些年中央和各级地方政府积极制定并落实降费政策，实践层面飞速发展更加突显了理论研究的滞后，表现为涉企收费相关概念缺乏准确界定、收费项目分类标准存在地区性差异。笔者借鉴税收和政府性基金等财政名词的表述方式，收集并梳理全国各省级和地级市政府连续十年的费用清单后，尝试对涉企收费相关概念框架进行完整和准确的定义，并在此基础上构建适应国内经济发展水平和现有征管体制的分类标准，这也契合建设全国统一大市场的要求。第二，拓展我国涉企收费征管现状的分析框架，现有文献对于减负问题的论述存在一定的局限性，缺乏提纲挈领的系统性思维。作为描绘政府内部上下级之间的任务分配、官员激励和组织模式的基础理论，行政发包制对论证涉企收费在行政权分配、内部控制和经济激励三个维度的外在耦合性与内在一致特征具有独特的语义内涵和政策价值。第三，实现降费政策实施效果与作用机制的定量评价，通过统合上市公司的多项财务数据，构建了涉企收费实际负担的测度值，并实证检验政商关系、营商环境、政府效率、机构调研与减税降费的数量关系，为厘清企业减负政策机理提供数据支持。第四，优化涉企收费的全流程控制。事前公示方面，在验证清单制对提升涉企收费普适性与地方政府工作效率的积极意义后，基于中国特色社会主义制度背景提出以定期、强制和统一的政务信息公开新机制倒逼政府改善治理效能。事中控制方面，针对市场主体的申诉困境，引入税务行政复议机制，完善涉企收费争端解决规则。事后复盘方面，"十四五"规划指出要稳妥化解地方政府隐性债务，笔者在国内减税降费的高热度政策氛围下定义"降费强度"理念，提出新发展阶段正确认识和妥善处理"统筹发展与安全"。

蒋文超

2023 年 1 月

目　录

|第一章|

涉企收费概念框架

经济全球化逆流、新冠肺炎疫情反复及国际局势动荡等因素，增加了新发展阶段的复杂性、严峻性、不确定性。各地纷纷推出稳增长政策，减税降费成为关键之举，但政府减负的努力与决心并未在短时间内完成从宏观总体"减税费"到更微观个体"降成本"的蜕变，很多经营者表示涉企收费名目繁杂，虽然单个收费金额不是特别大，但总计也是不小的开支。涉企收费问题得不到有效解决，将造成减负效果大打折扣，也对市场信心和政策预期产生消极影响。

为优化和落实助企纾困政策，激发市场活力和发展内生动力，继全面推进营改增之后，国务院再一次聚力到清费领域，全面开启涉企收费清理和规范工作。2017 年 2 月 8 日，在国务院常务会议上，李克强总理从国家发展层面诠释了降费工作的重要意义，将降费与简政放权放至同等优先级。2017 年 12 月 20 日，在中央经济工作会议上，习近平总书记提出要大力降低实体经济成本，进一步清理和规范涉企收费，加大乱收费的整治与查处力度。在国家领导人的关注下，国务院和各地政府相关部门积极清理收费项目，陆续公布了中央和地方版涉企收费清单。

然而将不同省份的费用目录清单比对后，发现各职能部门在收费项目的分类标准认定上存在较大差异，例如，安徽省"省级涉企收费信息公开网"

将涉企收费分为"行政事业性收费""政府性基金""政府性保证金""行政审批前置服务项目收费"四类，青岛市物价局联合市财政局发布涉企收费清单中将收费分为"行政事业性收费""政府性基金""经营服务性收费"。在建设全国统一大市场的今天，企业跨地区经营已经相当普遍，因此，制定一套兼顾地区通用性和地域代表性的涉企收费分类标准显得尤为重要。此外，没有一种制度是完美无瑕的，政策的制定初衷与执行效果在很多时候也会存在偏差，当涉企收费的征收双方对于相关规章政策的理解存在分歧时，如何建立一套有效的争端解决机制？

本章内容始于查阅和梳理近些年降费领域的规章政策和时政新闻，通过将2013～2020年国家发改委价格司和各地物价局等相关部门公布的涉企收费清单进行横向和纵向对比研究，分析重点收费项目的征收依据、资金管理方式等内容。在此基础上第一次从理论层面对"涉企收费""政府保证金"等概念内涵进行定义，然后基于"全口径"思维将现阶段企业面临的外部收费项目进行较为完整收录，并依据制定主体和收费项目性质两个维度进行分类性研究。为了准确衡量降费政策的实施效果，统计了我国的企业税费负担率，并与国际进行了比较，分析各省份涉企收费清单内容的异同，并在引入行政发包理论后，从"制费""征费""裁费"环节对上述现状进行理论解释，行政发包在制费环节体现为主体多元化、定性口径地域化，在征费环节体现为征收途径多样化，在裁费环节体现为受理方式分散化。最终提出简化和统一责任主体、构建独立的行政复议体系等政策建议。

本章的贡献主要体现在三个方面：第一，涉企收费的词项内涵界定。查阅近些年国内从中央到地方不同版本的收费清单，对涉企收费的征收依据、资金管理方式等内容进行详细研究，在此基础上第一次从理论层面对"涉企收费"相关的系列概念作出定义。第二，涉企收费的词项外延扩容。不同地区相关部门对概念理解的差异和对清单制定难度的考量，造成已公布涉企收费清单存在涵盖费用项目不完全的问题。笔者在研究中借鉴了政府预算管理中的"全口径"理念，汇总企业可能遇到的资金支出事项，将"政府保证金"这类"泛涉企收费"项目纳入清单中，建立更为全面的涉企收费内容体系。第三，涉企收费分类标准的探究。针对国内已有分类标准不统一的问题，基于实用性和可理解性的考量，按照"制定主体"和"收费项目性质"两个维度对涉企收费项目进行系统性分类。

第一节　涉企收费的总括机理

我国政府、事业单位和社会团体等组织层面减负政策的探索与颁布如火如荼，涉企收费已成为近期高曝光度的词汇，但学术界却鲜有系统性论述的文献。在知网中输入"涉企收费""降费"等关键字，检索结果多为期刊报社的新闻报道，虽然理论研究不能直接转化为法律法规，也难在短时间内让费用负担者获益，但能为政策制定提供应用依据与实践指导。

一、涉企收费的词项内涵

理论研究的首要事项是概念辨析，概念是将感性认识提升至理性认知层面，将感知的事物具备的共同本质性特点进行提炼，是对一类事物通过抽象化方式从中提取出能够反映共有特征的思维单位。内涵与外延是概念的两个基本特征，在研究"涉企收费概念"内涵时，需要定义"涉企"两字。《中共中央、国务院关于治理向企业乱收费、乱罚款和各种摊派等问题的决定》对于向企业乱收费问题的表述中，面向或涉及企业的收费即可视为涉企收费。《行政事业性收费项目审批管理暂行办法》第三条将收费定义为向公民与法人两类主体收取的费用，但不能就此用排除法认为涉企行政收费等同"涉及法人"收费。从政策实践来看，收费清单通常分为"一般性目录清单"和"涉企收费目录清单"，前者并非仅面向公民或个人，而是包含各类费用项目的合集。因此，我国政策语境下的涉企行政收费本身不是独立的概念，而是针对特定费用对象的表达，民营企业、国有企业、外商投资企业以及个体工商户等，各类以营利为目的的生产、经营类市场主体均属于"涉企"的概念范畴。

涉企收费概念内涵的研究还需明确两个事项：一是确定此类收费所共有的、概括性的行为参与方，其中一方是以政府职能部门和行业商业协会为代表的收费项目制定与征收者；另一方则是各类企业为代表的缴费市场主体。二是对行为目的和内容作出共同性的提炼和表述，即对种类繁多的收费行为进行抽象化处理。

从费用项目的制定和征收者角度对其概念内涵作出以下定义：涉企收费是指国家机关、行政事业单位、企业和行业商业协会等社会组织为了支持特定事业发展，或基于向市场经营主体提供特定服务，或为保护特定群体合法权益而收取费用或担保资金。当然还可以从企业角度来定义：涉企收费是由政府和行业商业协会等社会组织制定征收的与企业特定经营活动具备绑定关系的收费项目，不同于一般市场经济活动产生的内生性支出，涉企收费是企业必须支付的外部成本。

二、涉企收费的词项外延

概念外延是指具备所描述特定属性的全部事物，涉企收费包括政府性基金、行政事业性收费和经营服务性收费等，其中，每一大项下又包含大量具体收费名目，因而对涉企收费概念外延的确定性范围、排除性事项、分类性研究显得尤为重要。

（一）确定性范围

依据成本补偿与市场引导的理论逻辑以及减税降费政策精神和相关法律法规，涉企行政收费的确定性范围包括补偿性和引导性两类。

1. 补偿性涉企收费。因市场需求而产生的资源支出，存在成本补偿的客观要求，体现为行为与物的两类补偿性涉企收费。行为的补偿性涉企收费主要是许可等行为产生的服务费用。许可是因市场主体开展经济活动的需要，由政府或其他社会组织提供的事项公示服务。作为职能范围内的活动，许可本身并不收费，但会产生工本、材料费用，支出之成本应有补偿，尤其是对于证照丢失、变更、损毁产生的补办费用。此外，当许可涉及额外的评审、鉴定、公告、考察等额外技术辅助事项时，因市场对于特定事项许可的特殊要求，须由特定主体提供技术支出，也可定义为补偿性涉企收费，例如专利费、商标注册费、医疗器械产品注册费、药品注册费等。

物的补偿性涉企收费指由行政主体提供公共资源与设施，市场主体受益的同时，分担建设、维护等使用成本。财政负担的"资源或设施"一般支出体量较大，具有明显的社会公益属性，企业超出均等受益的部分需要缴纳使用费用。物的补偿性收费以成本填平为限，例如公路、桥梁的贷款还清后不得以成本补偿为由继续收费。

2. 引导性涉企收费。引导性涉企收费的产生伴随着管理和服务的行政目的，例如应对市场健康运行的客观需要和规范产业发展的现实要求。具体表现形式为对影响市场秩序或损害社会公共利益的资源配置行为征收相应费用，例如防止生态环境破坏征收的污水处理费、水土保持费、海洋废弃物倾倒费、农药实验费等，防止市场恶性竞争征收土地闲置费等。

（二）排除性事项

关于涉企收费概念外延，除确定性范围以外，其余事项不应设立涉企收费。为方便实践中的理解与操作，需对部分排除性事项予以说明，例如，企业自主开展或市场竞争机制可配置资源的事项，成本补偿完毕或通过其他途径代为补偿的事项，法律法规或国务院批准的事项。

1. 企业自行解决或市场自主决定事项。企业自行解决事项，分为自主管理与委托第三方开展两种类型。企业自主管理事项，例如为维护社会公共安全、保障市容环境卫生，征收的涉企犬类管理费，企业所养一般为工作犬，且通常安排专人管理，属于自主管理事项，应将收取犬类管理费变更为以企业承诺与事后监管的形式。企业委托第三方开展事项，对于企业能够自主从第三方获得技术支持，不应以涉企收费的方式加重市场主体负担。此外，须杜绝涉企行政收费事项转出后行业商业协会或中介机构的乱收费现象，严格监管指导价格。市场自主决定事项是由经济竞争机制调整，政府无须以收费形式参与资源配置，例如，部分城市征收的涉企户外广告公共阵地使用费，可由政府定价变为市场机竞争确立价格。

2. 成本补偿完毕或其他途径代为补偿事项。涉企收费是企业合法使用资源或服务导致的财产部分剥夺，行政主体只能依法实现对投入成本的补偿，不能谋求额外的财政创收。因而基于需求产生成本支出，企业因受益支付相应的费用，成本补偿完毕后，涉企收费项目即丧失了存在的前提。例如，公路建设贷款还清后，高速公路通行的补偿性收费就应取消。另外，涉企收费应避免成为企业负担，遵循应收则收的原则，如果成本的全部或部分支出可通过新路径解决，应当及时取消相关收费项目，例如，通过电子凭证的无纸化办公形式削减纸质票据的工本费用。

第二节　行政事业性收费的理论界定

收费是现代政府的一种普遍行为，是国家强力机关维护统治与管理经济社会的活动，也是财政收入的重要方式。改革开放以来，行政事业性收费对缓解政府资金压力起到积极作用，而行政事业性收费概念的提出也标志着费用管理由过去的模糊不清状态逐渐转变为体系化、规范化、科学化模式。

一、行政事业性收费的概念内涵

行政事业性收费概念由辽宁省于 1982 年提出，时代背景是各类行政事业单位为补充财政拨款不足而出现的创收行为。早期没有形成理论，仅为市场接受的社会共识。我国政府直到 20 世纪 80 年代才在官方文件中正式使用行政性、事业性收费的相关概念。

国务院于 1987 年颁布的《中华人民共和国价格管理条例》中首次对行政性收费与事业性收费作出理论定义。行政性收费是指国家机关、事业单位为了加强对社会、经济、技术等管理所收取的费用；事业性收费是国家机关、事业单位为社会或个人提供服务所收取的费用。这种概念定义带有很强的计划经济色彩，突出的是对收费主体、行为事由的描述，而缺乏对收费依据、收费原则等限制收费行为确立的相关内容。在中央政策指引下各省（区、市）相继制定了行政事业性收费管理的条例与办法，例如《北京市行政事业性收费管理条例》《四川省行政事业性收费管理办法》《福建省行政事业性收费管理条例》《广西壮族自治区行政事业性收费管理条例》等，对于行政事业性收费的概念均遵循《价格管理条例》的定义。

关于行政事业性收费的概念，财政部、国家发展改革委在 2004 年印发的《行政事业性收费项目审批管理暂行办法》中作出了官方定义。行政事业性收费是指国家机关、事业单位、代行政府职能的社会团体及其他组织根据法律、行政法规、地方性法规等有关规定，依照国务院规定程序批准，在向公民、法人提供特定服务的过程中，按照成本补偿和非营利原则向特定服务对象收取的费用。国家发展改革委、财政部于 2006 年出台的《行政事业性收费标准管理暂行办法》也对行政事业性收费进行了定义。行政事业性收费是国家机关、事业单位、代行政府职能的社会团体及其他组织依据法律法规等有关规定，遵照国务院规定程序批准，在实施社会公共管理，以及在向公民、法人提供特定公共服务过程中，向特定对象收取的费用。此类概念界定与社会主义市场经济相适应，是政府对行政事业性收费最权威、最标准的定义。其强调收费确立是以提供特定公共服务为前提，收费确立程序应以相关法律法规的规定为依据，突出政府的服务职能，淡化政府的管理属性。

学术界从法学、经济学、行政学等不同角度对行政事业性收费定义进行探索，应松年认为，行政事业性收费是"行政机关或依法履行行政职能的其他组织，为满足特别的行政支出，向与特别支出存在特定关系的行政相对人收取货币的行为"。吴厚德定义行政事业性收费是"各级政府部门在一定的范围内提供某些特定的商品和劳务，而向相关经济主体（包括个人和单位）收取的费用"。伍世安认为，行政事业性收费是"国家机关及其授权单位在行使国家管理职能中，依法收取的费用，其实质是国家权威和意志的经济表现"。陈清秀定义"行政事业性收费乃是为个人利益或受个人委托所采取职务行为的对价。也即对行政机关之特别的给付的对价"。国内学者对行政事业性收费的多学科、多角度概念描述，深化和扩展了定义的内涵和外延，对行政事业性收费的研究产生了积极的促进作用。

基于政府实践与学术界研究成果，本书对行政事业性收费概念作出以下界定：行政事业性收费是指国家行政机关、事业单位、代行政府职能的社会团体及其他组织根据法律、行政法规等规定，在向公民、法人和其他组织提供特定公共服务以及实施公共管理的过程中，按照成本补偿原则和非营利原则向特定服务对象收取的费用。

行政事业收费的概念内涵主要包含四个方面的内容。首先，反映了政府行政职能性和收费主体特殊性，行政事业收费的征管主体为国家行政机关、事业单位、代行政府职能的社会团体，其他组织和个人没有权力征收行政事业性收费；其次，强调执行依据的严肃性，费用征管依据是国家法律、行政法规的相关规定；再次，体现着征收对象的收益性与国家管理职能性，行政事业性收费是向必须接受管理的或想得到服务的公民、法人等收取的费用；最后，依据成本补偿和非营利性原则，收费的目的是补偿服务或弥补管理所消耗的成本。

二、行政事业性收费的原则辨析

行政事业性收费的原则是其区别于政府性基金、经营服务性收费、行业协会商会收费等其他涉企收费项目的主要标志，一项收费只有满足这些原则才能定义为行政事业性收费。

（一）收费法定原则

法律、法规是行政事业性收费权威性的根源，是有效规范收费机关的收费行为，保障缴费人合法权益的基础。收费法定原则具体表现为收费的主体由法律、法规来确立，收费项目和收费标准的审批由法律、法规来规定，收费行为的实施由法律、法规来授权。行政事业性收费成立必须以法律、法规作为基础，例如，"护照费"的设立依据是《中华人民共和国护照法》；"机动车安全技术检验费"的设立依据是《中华人民共和国道路交通安全法》；"法官培训费"的设立依据是《中华人民共和国法官法》。收费法定原则是行政法制原则在收费领域的具体体现，是我国依法行政的重要组成部分。

（二）非营利原则

行政事业性收费的非营利性来源于行政管理的公共性，是行政管理的衍生内容。政府机关、事业单位等非企业组织收费是为了补偿向特定相对人提供公共服务和实施公共管理过程中产生的成本，而不是为了获得最大的收益，这从国家发展改革委、财政部下发的《行政事业性收费标准管理暂行办法》中可以很明显地看出来，例如，第十八条规定"鉴定类收费标准根据行使管理职能的需要，按照鉴定的实际成本审核"。第十九条规定"考试类收费标准按照组织报名考试的成本从严审核"。第二十条规定"培训类收费标准按照培训的社会平均成本审核"。第二十一条规定"其他收费类别的收费标准，根据管理或服务需要，按照成本补偿和非营利原则审核"。

（三）强制性原则

行政事业性收费是服务对象在接受国家机关、事业单位等提供的服务或消费准公共产品后，就须按照规定缴纳费用。这种义务缴费是依据国家法律、法规确立的，并由国家强制力来保障实施的，使收费行为能够在十分规范有序的状态下稳定高效地运行。例如，车辆在行驶通过高速公路后，要按照规定的标准缴纳车辆通行费，否则将面临相应的处罚；企业或个人在河道内采挖砂石后，必须按照规定缴纳河道采砂管理费，否则将面临警告、罚款、没收非法所得等处罚。行政事业性收费的强制性，有效地排除了收费过程中的随意性和偶然性，法律约束的强制性也是行政事业性收费与经营服务性收费最主要的区别。

（四）特定性原则

特定性原则的含义首先体现为收费对象特定性，即行政事业性收费对象是特定的而不是普遍的，只向接受了公共服务或管理范围内的特定社会成员收取，不是向全体社会成员收取，这也是行政事业性收费与税收的根本区别。其次是收费行为特定性，只有特定的法律法规明确的管理和服务项目才允许收费，不是所有的政府机关和事业单位在实施管理和提供服务时都要收费。财政部、国家发展改革委印发的《行政事业性收费项目审批管理暂行办法》第十六条就规定了"属于地方保护收费，形成对其他区域的政策歧视，不利于全国市场统一的"等十五种情况不能设立行政事业性收费。

三、行政事业性收费的特征定性

（一）非固定性

行政事业性收费与其他涉企收费均具有非固定性的特点。非固定性的特征也是相对于税收而言的，税收有专门的法律规定，税种、税率等都有明确规定，其变更有严格的程序，且需人大等部门修改。随着经济的发展和国家政策的调整，虽然税收会发生局部调整，但在此基础上整体而言征收的税是相对稳定的，收税金额波动程度有限。而行政事业性收费常常会依情况而调整和变动，体现为随着经济形势波动、社会结构变化以及政府政策需求调整，收费主体新增、暂停或取消行政事业性收费项目，或改变收费标准，因此，行政事业性收费具有相对不稳定和非固定性，收费的确立与征管程序缺乏严格的法律约束。例如，房屋所有权登记费就具有明显的非固定性，随着国家的经济环境及房地产相关政策的调整而不断增减变化，当房地产市场活跃时，土地交易量变大，居民购买住房意愿强烈，房屋交易量增多，房屋所有权登记费收入就增多；而当房地产市场萧条时，或国家金融政策调整时，房地产交易量的减少致使相关行政事业性收费大幅缩减。

（二）受益直接性

受益直接特性表现为购买政府服务的获益者付费，意味着行政事业性收费的缴费人可从收费单位获取相应的服务。例如，缴费人在缴纳考试报名费之后，获得参加某项考试的权利；市民在缴纳社会保障卡工本费后可以取得社会保障卡；缴费人在缴纳劳动能力鉴定收费之后可以参加相关部门组织的劳动能力鉴定，获取鉴定证明。

（三）引导性

行政事业性收费中的惩罚性费用具有引导性特点，实施惩罚性收费有助于消除负外部性效应的消极影响。例如向企业征收排污费，促使经营者及时调整经营策略，重新评估排污成本，及时更新环保设施，达到降低排污数量、减轻环境污染的目的。

（四）补偿性

行政事业性收费征收主体单位的人员、设备、场地等支出由财政补贴。这就决定它不同于其他经营性收费主体及企业，不能通过收费来实现盈利，而只能按照非营利性的原则，收取一定的费用补偿所耗费的成本，体现了政府公益性而非营利性。

（五）灵活性

行政事业性收费与政府管理活动密切相关，能够补充政府特定管理活动所需的经费。国家有时为了满足管理的具体需要，会对征收的形式、征收时间、征收标准、项目的新立、取消等方面采取比较灵活的方式。例如，各省份可根据自身情况来制定差异化的专业技术等级考试收费标准；国家为减少经营负担，从 2015 年 1 月开始暂停企业注册登记费等 12 项行政事业性收费，取消征地管理费。

四、行政事业性收费的概念外延：异质性

依据服务内容、收费对象、费用性质的不同，行政事业性收费有不同的分类方法。

（一）费用性质差异

行政事业性收费按照费用性质差异分为行政性收费和事业性收费。行政性收费指根据法律、法规等有关规定，在履行政府行政管理职能时，向公民、法人和其他组织收取的费用。事业性收费指根据法律、法规等有关规定，在向公民、法人和其他组织提供特定服务时，收取的费用。前者侧重于政府的管理职能，后者侧重于政府的服务职能，随着近些年政治体制的深入改革，行政性收费不断弱化并且出现了行政性收费与事业性收费相互融合的趋势。

（二）征费对象差异

行政事业性收费按照征费对象差异分为涉企收费、涉农收费、其他收费。这是行政事业性收费管理中最常用的分类方式，审批一项行政事业性收费首先要做的就是明确收费对象，评估它对收费对象的影响。涉企收费是指

涉及企业的行政事业性收费，涉农收费是指涉及农业生产、农民生活的行政事业性收费，其他收费是指除上述两种收费之外的其他行政事业性收费。

（三）资金收入归属差异

行政事业性收费按照资金收入归属差异分为中央收费项目、地方收费项目以及中央与地方共享的收费项目。中央收费项目由中央设立，由中央相关部委收取或委托其他单位收取，收入归中央所有，例如证券期货市场监管费、驻外使领馆收费、航空业务权补偿费、农业转基因生物安全评价费等；地方收费项目由地方设立，由地方相关单位收取，收入归地方所有，例如城市基础设施建设费、劳动能力鉴定费、房屋所有权登记费等；地方与中央共享收费项目由中央和地方共同管理，一般由地方收取，收入根据分成比例分别上缴中央与地方，例如建造师资格考试费、物业管理师考试费、翻译专业资格考试费等各类考试收费、矿产资源补偿费等。

（四）收费标准管理权限差异

行政事业性收费按照收费项目标准的管理权限不同分为中项中标收费、中项省标收费与省项省标收费。中项中标收费即中央审批收费项目，中央制定收费标准的收费；中项省标收费即中央审批收费项目，省级制定收费标准的收费；省项省标收费即省级审批收费项目，省级制定收费标准的收费。清理收费治理乱收费工作中此种分类方式具有重要作用，中央和省级需要按照各自的管理权限分级清理。

（五）收费服务内容差异

行政事业性收费按照服务内容不同分为行政管理类收费、资源补偿类收费、鉴定类收费、培训类收费、考试类收费与其他类收费共六类收费。行政管理类收费即按照法律法规规定，在行使国家管理职能时，向被管理对象收取的费用；资源补偿类收费是法律法规规定向开采、利用自然和社会公共资源者收取的费用；鉴定类收费即按照法律法规规定，行使或代行政府职能强制实施检验、检测、检定、认证、检疫等收取的费用；培训类收费即按照法律法规或国务院规定开展强制性培训收取的费用；考试类收费即按照法律法规、国务院或省级政府文件规定组织考试收取的费用。《行政事业性收费标准管理暂行办法》中对这六类行政事业性收费进行了详细叙述，是唯一由政府文件认可的分类方式。

五、行政事业性收费的适用困境

（一）收费项目与标准设置不合理

1. 收费项目繁多与收费负担重。行政事业性收费项目种类丰富，涉及单位多、涵盖领域广，这在一定程度上造成了企业经营负担繁重的情况，呈现出生产关系抑制生产力发展的问题。一些国内知名企业家在不同场合多次表示企业外部费用存在负担重、标准不清晰的问题。为激发市场活力、优化营商环境，2016 年国家发展和改革委员会印发《关于全面实行收费目录清单制度的通知》，明确政府定价收费事项要全部进入清单，企业对清单以外的政府定价收费项目有权拒绝缴纳。通过行政事业性收费目录清单管理，让群众了解收费信息，有助于加强社会监督，维护缴费人的合法权益。总体而言，近些年来国内各种乱收费现象得到了缓解，但仍未从根本上解决收费项目与标准设置不合理问题。

2. 收费项目标准滞后于市场经济发展。收费标准一般是参照经济社会状况设立，但经济社会是动态发展变化的，收费标准也应及时更新调整。一成不变的收费标准会出现滞后性，不适应新时代发展。首先，收费旧标准可能会致使合法经营的行政相对人负担过重而违法主体的缴费义务过轻，难以发挥行政事业性收费的校正性作用。例如，20 多年未调整费率的矿产资源补偿费，执行依据是 1994 年的国务院令，对于采矿权人的缴费负担偏重，同时却缺乏对乱采滥挖采矿者的惩罚性收费。其次，长期不变的收费标准可能难以弥补日益提升的行政事业单位服务与管理成本，在弱化收费主体工作积极性的同时，不符合行政事业性收费的灵活性与补偿性特征。

（二）收费项目征收管理问题

1. 征收主体关系不顺畅。

（1）未捋顺的收费管理主体外部关系降低了征管效率。按照财政部文件规定，各级财政部门是政府非税收入征收主管机关。行政事业性收费涉及财政部门、物价部门和具体收费执收单位。首先，财政部门与物价部门，前者管理收费项目，后者管理收费标准。收费标准管理和收费项目管理分属不同的部门管理，破坏了收费的统一性，也不容易协调这两个部门的工作，容易造成收费管理中的推脱问题，造成收费管理的事前把关不严格，出现收费项目和标准的不合理，也不利于收费管理的长期规划和统一管理。其次，财政部门与具体收费执收单位缺乏有效制约，除法律、行政法规另有规定外，政府非税收入可由财政部门直接征收，也可由财政部门委托的部门和单位征收，委托征收所需费用，由财政部门通过预算予以拨付。虽然文件规定可由财政部门直接收取行政事业性收费，但财政部门场地、业务知识有限，不具备直接收取的条件，又因为财政部门人员、精力有限，难以实时监督收费部门的行为，当收费部门出现乱收费、不依法依规收费时，往往不能及时监管相关情况。财政部门、物价部门和具体收费执收单位三类部门在收费管理中的职责不一，职权既相互交叉，又不互相隶属，导致主体关系不顺畅，工作中有掣肘现象，制约了统一协调的收费管理。

"收支两条线"后，收费单位的收入与收费多少的联系基本分开，统一由财政预算安排经费的支出，这在一定程度上损害了收费积极性，对于自己的规范管理的要求开始放松，工作不尽职尽责，该征收的不去征收，该严格审核的没有严格把关，甚至利用自己在收费中的权力随意减、缓、免行政事业性收费，造成国家财政收入的损失，破坏了政府的管理制度，严重的形成渎职、腐败等违法犯罪行为，损害了国家机关的形象。但财政部门与收费单位一般没有直属关系，部分场景下财政部门甚至面对平级或上级的政府部门，无法对收费单位作出有利害关系的直接决定，缺乏制约手段则不能有效监管收费部门。

（2）未协调的财政部门内部关系削弱了征管力量。在我国现有涉企收费征管体制下，财政部门既是行政事业性收费的征收管理部门，也是监督部门，但职能身份复合的财政部门内部尚未建立统一协调的组织关系，工作中频发衔接不顺畅的问题。

在中央层面，国务院财政部门负责行政事业性收费总体政策、条例的制定，从宏观上拟订涉企收费的发展战略、方针政策、中长期规划、改革方案及其他有关政策，早些年财政部综合司还负责行政事业性收费的制度拟订和征收工作。2014 年财政部内部机构改革后，统一税收与非税收入征管，把非税收入征管合并至税政司，行政事业性收费的制度制定与具体征管工作也一并移交至税政司及相关处室负责。2018 年 3 月，国务院机构改革方案中革新了国税地税征管体制，将省级和省级以下国税和地税机构合并，具体承担所辖区域内的各项税收、非税收入征管等职责。从长时间维度来看，中央层面行政事业性收费看似由财政部主导，但由于收费涵盖业务领域广、涉及征管部门多，因而存在复杂的局面。

在地方层面，全国各地对行政事业性收费的管理部门在省级财政部门基本都由财政厅（局）综合处负责，鲜有或少有专人专职负责。有些省份在收费管理方面做了开创性探索，组建省级专职征管部门，例如天津市设立了财政局征收局，湖南成立了非税收入管理局，负责对全省行政事业性收费的管理以及对省级行政事业性收费的征收。但很多区县级财政部门没有成立专门的费用征管部门，地方层面各种各样的负责机构致使费用管理力量薄弱，往往是问题出现后才反思原因，即停留在事后监管阶段。2018 年国税地税机构合并后统一征管非税收入，也仅在征收环节改善了行政事业性收费的事前预防能力不足问题，收费项目与标准的制定环节依然存在人员编制短缺、工作不充分、职权不一致的情况。

2. 费用征收行为不规范。

随着简政放权工作的推进，国家规范了收费管理行为，依法惩处了一些乱收费行为，征收不规范、不文明现象得到明显的遏制。2016 年我国通过收费目录强制披露制度，强化了社会监督，在规范管理方面取得了一定进展，但现阶段行政事业性收费依然存在以下问题。

费用裁减的地方滞后性，部分征收单位没有及时停止国家已公开废止的收费项目，例如，国家要求自 2020 年 1 月 1 日起取消某项行政事业性收费，但部分地区的少数执收单位以未接到通知为由继续收费；不严格按照收费标准收费，私自与缴费人协商更改收费标准，例如，由按平方米计算收费改为直接收取协商总额收费；无权限违规收费，无收费许可证收费或被委托收取行政事业性收费的企业无相关资质；票据使用不合规，部分单位在收费时随意使用企业收据等票据，不使用行政事业性票据。

乱收费行为的产生可能是因为政府工作衔接不及时，例如中央政府取消某项收费，但各级地方政府政策传达较慢，待执收单位开始执行时已经造成了多收费；可能是因为部门为了自身利益故意为之，把收费作为自己的特权，不希望其他部门插手；可能是因为执收单位法律意识不强，对收费行为的严肃性认识不够；还可能是由于专职人员对收费工作不熟悉，不了解正确收费流程。总归而言，乱收费行为侵害了被收费人利益，损害了政府信誉，破坏了市场管理秩序。

第三节　政府性基金的理论界定

一、政府性基金的概念内涵

政策层面已对政府性基金概念作出了明确的界定，《政府性基金管理暂行办法》中指出，政府性基金对是各级人民政府及其所属部门根据法律、行政法规和中共中央、国务院文件规定，为支持特定公共基础设施建设和公共事业发展，向公民、法人和其他组织无偿征收的具有专项用途的财政资金，全额纳入财政预算。

学术界对政府性基金的定义集中于财政学与法学研究。王为民（2007）通过对非税收入的理论研究认为，政府性基金是依照法律、法规并经有关部门批准设立，凭借行政权力或政府信誉，为支持某项公共事业发展，向公民、法人和其他组织收取的具有专项用途的财政性资金，设立政府性基金的目的主要是支持某项特定产业或事业发展。熊伟（2012）提出政府性基金是各级政府及其所属部门基于支持某些特定的社会公共事业发展之目的而凭借公权力依法向公民、法人和其他组织无偿征收的具有专项用途的财政资金。学者在研究过程中逐渐明晰了政府性基金的费用性质与基本特征等概念内涵，界定了政府性基金的保障源自行政权力或政府信誉，但对费用类别与征收范围等概念外延尚未达成共识。

二、政府性基金的概念外延：异质性

政府性基金的概念外延基于统计口径的差异，有狭义和广义之分。狭义的政府性基金仅包含列入全国政府性基金目录中的费用项目；广义的政府性基金除全国政府性基金目录中项目之外，还包括纳入政府性基金预算管理以及符合政府性基金概念特征的项目。本书研究的是广义概念上的政府性基金，以更全面地分析现阶段国内政府性基金管理的相关问题。

（一）按照政府性基金的资金管理方式

按照资金管理方式差异，政府性基金可分为中央政府性基金、地方政府性基金和中央地方共享基金三种类型。其中，中央政府性基金收入缴入中央国库，地方政府性基金收入缴入地方国库，中央地方共享基金缴入中央和地方国库。20 世纪 90 年代中期至 21 世纪初，政府性基金先后历经三次较大规模的清理整顿，收费项目数量锐减。截至 2021 年底，现行有效的政府性基金共 20 项，其中，缴入中央国库的有 8 项，缴入地方国库的有 5 项，缴入中央和地方国库的有 7 项（见表 1－1）。

表 1－1　　　　　　　　　　全国政府性基金项目目录

项目名称	资金管理方式	征收方式
铁路建设基金	缴入中央国库	按铁路运输货物的种类、重量、运输距离等征收，与铁路货运运费一并征收
民航发展基金	缴入中央国库	对航空旅客按人次征收，在航空旅客购买机票时一并征收；对航空公司按飞行航线、飞机最大起飞全重、飞行里程征收
高等级公路车辆通行附加费	缴入地方国库	对汽油零售企业按购买汽油数量价外征收；对柴油机动车辆按核定的征费标准计量定额征收
国家重大水利工程建设基金	缴入中央和地方国库	按省（区、市）扣除国家扶贫开发工作重点县农业排灌用电后的全部销售电量征收
水利建设基金	缴入中央和地方国库	中央水利建设基金从车辆购置税、铁路建设基金等收入中提取；地方水利建设基金从地方收取的部分税费收入中提取，经财政部批准后省（区、市）可向企事业单位等征收
城市基础设施配套费	缴入地方国库	具体征收方式和征收标准按省（区、市）有关规定执行
农网还贷资金	缴入中央和地方国库	按农网改造贷款"一省多贷"的省（区、市）电力用户用电量征收
教育费附加	缴入中央和地方国库	按单位和个人实际缴纳增值税、消费税税额计征
地方教育附加	缴入地方国库	按单位和个人实际缴纳增值税、消费税税额计征
文化事业建设费	缴入中央和地方国库	按提供娱乐服务、广告服务的相关单位和个人的计费销售额征收
国家电影事业发展专项资金	缴入中央和地方国库	按经营性电影放映单位票房收入征收
旅游发展基金	缴入中央国库	按乘坐国际和地区航班出境的旅客人次在票价上征收

续表

项目名称		资金管理方式	征收方式
中央水库移民扶持基金	大中型水库移民后期扶持基金	缴入中央国库	按电力用户用电量征收（扣除农业生产用电）
	跨省大中型水库库区基金		按有发电收入的跨省（区、市）大中型水库实际上网销售电量征收
	三峡水库库区基金		按三峡电站机组实际上网销售电量征收
地方水库移民扶持基金	省级大中型水库库区基金	缴入地方国库	按有发电收入的省级辖区内大中型水库实际上网销售电量征收
	小型水库移民扶助基金		具体征收方式和征收标准按省（区、市）有关规定执行
残疾人就业保障金		缴入地方国库	按上年用人单位安排残疾人就业未达到规定比例的差额人数征收
森林植被恢复费		缴入中央和地方国库	按用地单位占用林地面积征收
可再生能源发展基金		缴入中央国库	按省（区、市）销售电量（扣除农业生产用电）征收
船舶油污损害赔偿基金		缴入中央国库	按海上运输持久性油类物质重量征收
核电站乏燃料处理处置基金		缴入中央国库	按核电厂已投入商业运行 5 年以上压水堆核电机组的实际上网销售电量征收
废弃电器电子产品处理基金		缴入中央国库	按电器电子产品生产者销售、进口电器电子产品的收货人或其代理人进口的电器电子产品数量征收

资料来源：财政部《2022 年全国政府性基金的目录》。

（二）按照政府性基金的性质与用途

按照性质与用途差异，政府性基金可以分为基础设施建设类、重大工程特别征收类、资源环境类、公有财产和附加费四类。其中，基础设施建设类政府性基金主要用于铁路、民航、港口等基础设施建设，例如铁路建设基金、民航发展基金、港口建设费等；重大工程特别征收类政府性基金主要用于特定的重大水利、电力工程建设，例如国家重大水利工程建设基金、水库移民扶持基金等；资源环境类政府性基金征收主要用以煤炭、森林等资源的开采利用以及减少污染和环境的保护，例如核电站乏燃料处理处置基金、废弃电器电子产品处理基金、森林植被恢复费、育林基金等；公有财产和附加费类政府性基金依托国有土地、公有住房和营业收入等计征，例如地方教育附加、城市公用事业附加、城市基础设施配套费等。

（三）按照政府性基金的筹集方式

按照筹集方式的差异，政府性基金可以分为：以销售收入为对象征收的基金，例如国有土地使用权出让金、电力改革预留资产变现收入等；附加在产品或服务价格上征收的基金，例如彩票公益金、农网还贷资金、无线电频率占用费等；附加在税收上征收的基金，例如教育费附加、地方教育费附加等。

三、政府性基金的特征特性

国内学术界对于政府性基金的本质属性认识存在歧义，争论焦点是征收范围与具体目标。

（一）无偿性

政府性基金的缴纳义务与负担理由间存在特殊法律关联，且需专用于特定经济社会政策目的所指向的用途，从而对负担群体形成一种特别的利益。非对待给付基本特征使政府性基金对于费用承受群体而言不是一种补偿措施。

（二）专款专用

与税收和行政事业性收费相比，专款专用是政府性基金最显著的特点。我国财政资金预算体制主要依靠以税收为主要收入的一般公共预算，而政府性基金由于其专款专用性质则起到了补充作用。政府性基金是对特定对象征收的用于发展特定公共事业的一项财政资金，征收对象与政府性基金之间存在特殊的联系，但不存在直接的对待给付。

专款专用是政府性基金区别于其他财政资金的根本特征，尽管政府性基金统一纳入国库管理，但各项政府性基金均通过相关文件明确规定了使用方向，未经允许不得擅自将政府性基金挪作他用。"收支两条线"的管理有助于政府性基金用于实现特定经济社会政策所指向的用途，而非支付一般的财政需求。

（三）时效性

政府性基金是为了支持某项公共事业的发展设立的依附于相应的基础设施建设、国家重大建设等公共事业而存在，是弥补财政资金缺口的手段之一，当某项项目建设完成后就会取消该政府性基金项目。因此，政府性基金的时效性主要表现为征收期限。

（四）强制性与缴费义务人设定

政府性基金强制性表现为公民、企业等相关利益主体从事政府性基金项目规定的各项活动时，财政部等征收主体有权强制对其征收政府性基金。与税收强制性相比，政府性基金的强制性呈现出一定程度上的特定性，因为政府性基金项目仅涉及社会生活中的特定项目或部分领域，所以其征收的对象一般不是全体公民或企业，由特定使用者付费。例如民航发展基金，乘坐飞机的个体或企业须依规缴纳民航发展基金，而不乘坐飞机则无须负担相关基金。

四、政府性基金缴费义务人设定的理论依据

现行《中华人民共和国预算法》明确规定政府性基金是用于特定的公共基础设施建设和公共事业发展且专款专用的财政资金。因此，缴费义务人设定源自政府性基金用于特定公共基础设施建设和公共事业发展。

1. 缴费义务人的群体受益性。受益原则是政府性基金建构的重要原则。不同于一般目的税，政府性基金用于特定的公共产品或者公共福利的支出。因此，将潜在受益群体的公民、法人或者其他组织定义为政府性基金的缴费义务人，充分展现出缴费义务人与费用支出之间的紧密联系，有利于提高政府性基金的缴费积极性。例如，依据受益原则建构的民航发展基金，缴费义务人是乘坐航班的旅客及航空公司，遵循专款专用原则所收费用全部用于民航基础设施的建设以及民航技术研发应用，旅客和航空公司也能从民航事业基础设施建设及技术创新中享受便利性，最终形成群体受益性。

政府性基金与行政事业性收费的群体受益性存在显著差异，政府性基金的受益性是潜在的，缴费义务人支付的费用与政府性基金用途之间的因果关系证明标准并不高，只需要缴费义务人享有受益的可能性即可。行政事业性收费的受益性是现实而具体的，缴费义务人与规费使用的因果关系证明链条是一种高度显性和具体的对待给付。例如，公民缴纳高速公路"过路费"便可进入高速公路行驶，而公路管理方根据高速公路通行路程距离收取费用。

2. 缴费义务人的群体责任约束性。缴费义务人因不履行具有强制性效力的公法义务，因而被要求以缴纳政府性基金的方式代偿。以2022年全国政府性基金目录清单中的残疾人就业保障金为例，保障公民的基本生存权已成为福利国家的社会保障措施之一，残疾人在社会上会面临更多生活上的挑战，国家有提供公共产品与公共福利的职责，保障残疾人的基本生存权也在我国宪法中得到了体现。《中华人民共和国宪法》第四十五条第三款明确规定，国家和社会帮助安排盲、聋、哑和其他有残疾的公民的劳动、生活和教育。在促进残疾人就业上，也需要企业作为用人单位承担群体责任。这种群体责任不仅具有法律上的强制性，也具有社会上的道义性。虽然国家在2008年正式出台了《残疾人就业条例》，其中明确规定用人单位雇用残疾人的人数不得少于单位职工的1.5%，但一些企业在综合考量成本、利润、效率等因素之后，会自动将残疾人求业者排除在考虑之外。因此，政府采取相关措施激励用人单位招录残疾人，用人单位未履行招录规定比例残疾人就业的法定义务时，需按照一定比例缴纳残疾人保障金。《残疾人就业保障金征收使用管理办法》明确规定，残疾人就业保障金用于支持残疾人就业和保障残疾人生活，不可挪作他用。残疾人保障金本质上来说是按照规定比例招录残疾人就业的一种代偿，其使用上应符合专款专用原则，用于残疾人事业发展。

3. 缴费义务人的侵害社会公共利益补偿性。一般公共预算收入与政府性基金预算收入产生的原因是市场供给服务的失灵现象，为维护保障公共利益，缴费义务人在损害公共利益时会被政府或国家强制性以政府性基金的方式对待给付。例如，2022 年全国政府性基金的目录清单中废弃电器电子产品处理基金就是典型的因缴费义务人损害社会公共利益而支付的对价，《废弃电器电子产品处理基金征收使用管理办法》明确规定，国家为促进废弃电子产品回收而征收废弃电器电子产品处理基金。电器电子产品在达到使用年限后，若无法及时有效进行无害化处理，则会对生态环境造成不可逆的消极影响。因此，电器电子产品的回收处理存在侵害公共生态环境的隐患，电器电子产品生产者需要支付一定的费用以保障废弃电器电子产品的回收处理。废弃电器电子产品处理基金遵循专款专用原则，专门应用于电器电子产品回收处理。

五、政府性基金的适用困境

一般公共预算与政府性基金预算可在一定程度上缓解市场供给公共服务的失灵现象。政府通过收取税费的形式宏观调控，提供市场无法有效供给调配的公共产品或公共服务。公共预算的主要收入来源是税收收入，除车辆购置税等特殊目的税外，大部分税收收入纳入公共预算统筹规划，公共预算主要应用于非排他性、非竞争性的基本公共服务领域的投入。相比于公共预算，政府性基金处于补充性地位，鉴于特定缴费义务人与应用的特定的公共事业发展之间特殊关联性，为了将费用的缴纳与使用联系到一起，提高缴费义务人的缴费积极性与遵从度，政府性基金采取专款专用原则。

（一）专款专用原则与资金低效

专款专用原则有助于政府性基金专门应用于特定公共事业发展领域，但因其规制不纳入一般公共预算，不可挪作他用的性质，使部分政府性基金大量结余而闲置。2021 年审计署发布的《国务院关于 2020 年度中央预算执行和其他财政收支的审计工作报告》中指出，政府性基金存在管理不到位的问题，例如，目录清单未按要求公布基金征收方式和标准，两项未严格执行以收定支原则，在短收情况下列支 1.16 亿元。

（二）非统收统支性质与监管缺失

政府性基金不纳入公共预算统收统支，缺乏有效的外部监管。而内部自我约束常因利益驱使形同虚设，专款专用的规定难以贯彻执行。对于政府性基金的支出使用，在很大程度上仅有原则性的规定，没有细致方向的划分。在实践中，政府性基金的使用规范性不强，相关预算编制缺乏细致的支出使用规定，仅有预算总支出与使用的数字概览，难以表明基金具体使用去向，自然也无法实现专款专用的目标。

（三）复杂性与地方财政依赖

国有土地使用权出让金并未列入全国政府性基金的目录清单，但一直是地方政府性基金的重要收入来源。财政部公布的 2021 年财政收支情况报告显示，地方政府性基金预算本级收入 93 936 亿元，同比增长 4.5%，其中，国有土地使用权出让收入 87 051 亿元，同比增长 3.5%。据此推断国有土地使用权出让金已占据地方政府性基金收入约 90%。国有土地使用权出让金的应用范围较广，涉及土地建设、城市建设支出、土地拆迁补偿等多方面，难以实现准确的专款专用管控。

第四节　涉企收费的分类性研究

一、涉企收费的项目分类现状分析

涉企收费分类体现的是对概念外延的研究，我国政府非税收入比重较大，涉企收费的名目繁多、种类各式各样，并且由于经济发展水平、自然资源特点和地域差别，各个地区在涉企收费项目上存在部分特殊性。2016 年以来在中央大力推进降低涉企收费的高压态势下，各地政府和物价局等职能部门积极调整修订地方涉企收费项目，陆续推出地方版收费清单，企业减费迎来良好的开端，但是这些清单在分类标准统一性上存在问题，关于涉企收费类别的差异性，在逐个登录各省、市和县政府及相关职能部门网站后，将截至 2018 年 2 月能够明确查询的各个省份和地级市公示的涉企收费分类列举如表 1 - 2 所示。

表 1 - 2　　　　　　　　不同地区的涉企收费的项目

地区	共同项目	分歧项目
安徽省	行政事业性收费、政府性基金	行政审批前置服务项目收费、政府性保证金
宁夏回族自治区	政府性基金、行政事业性收费、经营服务性收费	涉企保证金
湖南省	行政事业性收费、政府性基金、经营服务性收费	行政审批前置服务收费
河北省	政府性基金、行政事业性收费	行政许可中介服务收费、罚没事项
广东省	政府性基金、行政事业性收费、经营服务性收费	行政审批前置服务收费
陕西省	政府性基金、行政事业性收费、政府定价或指导价经营服务性收费	
湖北省	行政事业性收费、经营服务性收费	
甘肃省	政府性基金、涉企经营服务收费、行政事业性收费	

续表

地区	共同项目	分歧项目
西安市	行政事业性收费、政府性基金、经营服务性收费	行政许可中介服务收费
合肥市	行政事业性收费、政府性基金	行政审批前置服务项目收费、政府性保证金
青岛市	行政事业性收费、政府性基金、经营服务性收费	
宁波市	行政事业性收费、政府性基金、政府定价或指导价经营服务性收费	
常德市	行政事业性收费、政府性基金、经营服务性收费	

资料来源：笔者根据相关省份政府网站披露清单内容整理。

其中，2017年12月26日，安徽省物价局主导的省级涉企收费信息公开网正式开通运营，这是我国首个地方政府运营的省级涉企收费信息公开平台，在网站的"收费清单公开"页面中，将涉企收费按照类别差异分为"行政事业性收费""政府性基金""政府性保证金""行政审批前置服务项目收费"四类。青岛市物价局联合市财政局发布2017版《青岛市涉企收费目录清单》，其中将涉企收费分为两大类：第一大类是行政事业性收费和政府性基金，其中涉及政府性基金8项和行政事业性收费25项；第二大类是经营服务性收费，主要包括25项相关费用。浙江省宁波市公布的2017版收费目录清单中将涉企收费分为行政事业性收费、政府性基金和实施政府定价或指导经营性服务性收费三大类。湖北省物价局在2017年8月公布新版《涉企收费清单》中，将涉企收费分为"行政事业性收费"和"经营服务性收费"两类，并且将两类收费整合到一张清单中。赵展慧（2017）将我国法律和法规予以明确规定的涉企收费分为"政府性基金""行政事业性收费""经营服务性收费"三类。

不难发现，"政府性基金""行政事业性收费""经营服务性收费"这三项是广泛被各地政府和研究学者一致认可的分类项目，涉企收费分歧在于"政府性保证金"和"行政审批前置服务项目收费"是否应该单独作为一个类别。此外，部分省份已经公布的涉企收费清单中还没有明确区分收费制定主体层级这一指标，从这些清单中无法准确获知收费项目是由中央还是各级地方政府部门制定的，而明确责任主体和行为主体也是政策透明的重要环节。

二、涉企收费分类体系的构建

1. 涉企收费项目类别的分歧研究。

（1）"政府性保证金"的项目定性。我国关于政府保证金项目并没有明确的定义，其制定初衷更多的是保护特定群体的合法权益，对相关行为单位和个人的活动进行约束。在大多数地方政府公布的涉企收费清单中将政府保证金剔除在外，因为表面来看政府保证金具有"押金"的性质，只要完成约定行为就可以在未来经营期内全额退还给企业，但是大多数保证金的扣款期限较长，有的甚至会横跨多个年份，对于经营者而言货币资金是有时间成本的，长时间的保证金占款对于企业而言已经具有费用性支出的同等效果。举例来说，农民工工资保证金要求在工程正式开工前，按照工程合同款3%的金额向银行设立的专户存储专项资金，落实专户存储，任何组织和单位不能挪用。退还的规定是工程完工交付后，建设单位要公示不得少于15个工作日的时间。那么对于建安企业来讲，这项保证金是一项占用时间漫长、数额不菲的沉淀资金，大额的保证金会造成部分企业的现金流吃紧。因而从资金支出的时间节点来看，政府保证金本质上看应该被定义为隐性的涉企收费。

（2）行政审批前置服务项目收费是否单独列示。行政审批前置服务项目是指作为政府相关部门行政审批的先决受理条件，申请人必须委托具有一定资质的中介服务机构提供指定的有偿服务。关于行政审批前置服务项目收费，在详细翻阅各个省份相关收费规定的条款和内容后，得出以下结论：作为企业日常经营中经常遇到的一项涉企收费，行政审批前置性收费的特殊性更多是体现在产生原因、发生时点以及与特定行政审批的绑定关系上，在收费主体和收费依据方面并不具备完全有别于其他费用项目的特征，因而没有必要将行政审批前置性收费单独作为一项列式，其收费项目按照征收机构和收费依据的不同完全可以分别划归到行政事业性收费和经营服务性收费中。

我国已实现中央政府定价的行政审批前置服务收费项目"清零"。电信设备进网检测、道路机动车辆产品检测、规划技术服务费和矿业权交易服务费等行政审批前置性收费项目，主要是由地方事业单位和其他代行政府职能的社会组织执行和收费的，因而具有"地方定价"的特点，地方对于具体的收费标准具有较大的自由裁量，一般而言地方政府会给出指导价，因而将这类行政审批前置性收费划归到行政事业性收费。规划技术服务费、矿业权交易服务费、环境影响评价收费和施工图设计审查收费等行政审批前置性收费项目的收费主体更多的是由企业单位性质的中介机构完成，并且地方政府不再给出指导价，更多的是发挥市场机制，采用市场协商价格进行收费，可以将这类行政审批前置性收费划归到经营服务性收费。

（3）涉企收费"灰色地带"的行业协会商会收费。行业协会商会是推动社会发展和市场经济建设的重要力量，在规范行业企业行为、提供营运决策咨询和社会治理创新方面发挥着积极的作用。行业协会商会往往会定期向参加该组织的成员企业收取一定金额的会费或者技术服务费，并且部分行业协会商会存在强拉入会、违规、重复、过度和偏高收费问题，对于企业经营者而言也是一笔不小的支出，是企业外部收费环境的重要组成部分。

安徽、上海和浙江等地已经公布的涉企收费清单中，大多数都没有包含行业协会商会收费项目，究其原因主要有两点：首先是全国性和地区性的行业协会商会数量较多，短时间内很难将相关收费清单梳理清楚；其次也是因为费用涉及主管部门的差异，与其他涉企收费不同的是我国行业协会商会相关事务是由国务院民政部和各地民政厅（局）主管和协调，因而相关的费用清单公示和违规收费整改也几乎由民政及相关部门独立推进。虽然有难度，但是2017年以来山东等地民政厅分批次陆续公布了省级行业协会商会的涉企收费清单，也证明该项费用的清单公开化在操作层面具有可行性。全口径计算在我国财政收入计算中具有重要意义，本书力争做到"全口径"，构建一套囊括主要涉企收费项目的分类体系，因而将行业协会商会收费纳入涉企收费中。

2. 涉企收费分类框架的构建。

涉企收费的异质性指标包括收费标准制定的组织层级、收费项目设立的组织层级、资金征收主体、收入归属和资金用途等。国内政府机关对涉企收费分类时经常根据收费标准的制定组织层级，分为中央定价、省定价和市定价等，但是市场化日趋完善的今天，完全由政府定价的收费项目越来越少，但是相当多数量涉企收费项目的设立还是由政府组织的，因此，在费用分类也需要综合考量这两方面因素。通过上述系列分析，按照收费项目"全口径"、同类项重分类以及合并重复项的操作方法，对中央制定和地方制定的涉企收费项目进行系统梳理，重新构建多维度涉企收费分类体系。

首先是基于项目内容和征收条例制定主体的维度（以下简称制定主体维度），将政府性基金、行政事业性收费和经营服务性收费这三类涉企收费进一步分为"中央定"涉企收费和"地方定"涉企收费。需要特别指出三点：一是本书主体分类更多是基于相关费用项目条例的制定主体而非征收主体；二是本书定义的"中央"和"地方"是结合行政区划和组织特性的复合概念，其中的"中央"指的是国务院及其下属的中央职能部门或其他代行政府职能的跨地区性社会组织，"地方"指的是省级行政区［34 个省（区、市）］、地级行政区（地级市、自治州和盟等）以及县级和乡级行政区的地方政府和相关部门或其他代行政府职能的地方性社会组织；三是"中央定"和"地方定"中的"定"是一个总括性概念，既包含通常意义上讲的定价，也包括定收费项目。

其次是融合"费用属性""收费主体""收入归属"这三类异质性指标，设置"收费项目性质"维度，将费用项目分为"政府性基金""行政事业性收费""经营服务性收费""政府保证金"四大类，如图 1-1 所示。

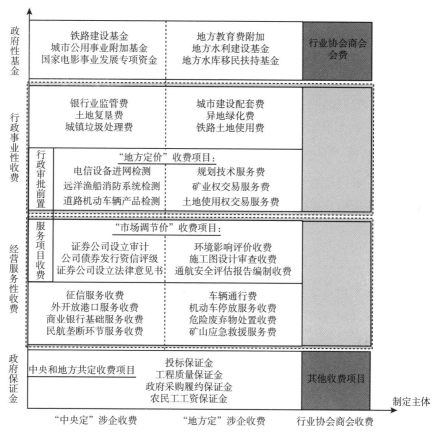

图 1-1　涉企收费项目二维分类体系

资料来源：笔者对各地人民政府网站新闻和文件整理得到。

　　"行业协会商会收费"具有多维度复合交叉的特点，虽然行业协会商会也具有全国性和地方性的差异，但是随着与行政机关"脱钩"工作的推进，全国性行业协会商会的收费标准和项目并非由中央政府机关制定，地方性的行业商业协会的收费也并非由地方政府机关制定，并且"行政事业性收费""经营服务性收费"这两大类涉企费用项目与"行业协会商会收费"也存在部分重合状况，很难简单按照收费项目性质和制定主体对其进行分类，因而予以单独列示，并在之后进行独立的分析。"行政审批前置性收费"的内容按照征收机构和收费依据的不同分别划归到"行政事业性收费"和"经营服务性收费"中。

三、涉企收费各分类项目的辨析

关于涉企收费分类项目的详细探讨，是以"收费项目性质"维度为主线，辅助以"制定主体"维度。

1. 涉企收费"半壁江山"的政府性基金。政府性基金是为支持某项特定公共事业，各级政府和其所属职能部门依据相关的法律、行政法规以及国务院有关文件规定，无偿向法人、公民或其他组织征收具备特殊目的和专项用途的财政性资金。政府性基金统一纳入财政预算中管理，从金额绝对数上看仅次于税收，是我国第二大财政收入的来源。

政府性基金通常按照征收对象是否特定分为向所有成员征收和向指定行业征收两类。其中，向所有成员征收的包括国家电影事业发展专项资金、国家重大水利工程建设基金和民航发展基金等；向指定行业征收包括港口建设费和铁路建设基金等。这种分类方法更多的是站在被征收方视角，虽然有助于社会群众了解政府性基金不同项目间的差异，但是对于政策制定层面的实用性不高。因此，为了在增强政策建议时的针对性和可实施性，在研究中按照政府性基金项目的内容和征收条例方面制定主体的不同，重新分为"中央定"政府性基金和"地方定"政府性基金。

（1）"中央定"政府性基金。"中央定"政府性基金是国务院及其下属部门直接设立的专项收费，该类基金具有全国性和普遍性特点，收取资金适用于支持或解决全国各地共同的事业和社会问题。例如国家电影事业发展专项资金、城市基础设施配套费、残疾人就业保障金和教育费附加等。我国的政府性基金历经多轮清理，至2016年12月"中央定"政府性基金已缩减至23项，2017年4月1日起新型墙体材料专项基金和城市公用事业附加进一步取消，"中国政府网"公示的中央设立政府性基金清单项目缩减至21项。

（2）"地方定"政府性基金。"地方定"政府性基金是地方人民政府及其所属职能部门在中央制定的政府性基金的基础上，为了支持地方事业或解决某项地方性社会问题而收取的专项资金，更多地体现了地方的社会发展状况和自然资源禀赋，包括地方教育费附加、地方水利建设基金和地方水库移民扶持基金等资金和附加等专项收费。

2. 逐步实现"地方定"零收费的行政事业性收费。行政事业性收费是指基于非营利和成本补偿原则，依据相关法律法规规定，按照规定的审批程序，国家机关、事业单位、代行政府性职能的社会团体和其他社会组织，在为法人或公民提供特定服务内容后，或实施公共管理后，向相应服务对象收取一定金额的费用。收费主体包括国家机关、事业单位或其他代行政府性职能的社会团体，本书按照涉企收费价格和项目的制定主体差异，将行政事业性收费进一步分为"中央定"行政事业性收费和"地方定"行政事业性收费。

（1）"中央定"行政事业性收费。"中央定"行政事业性收费是国务院及其下属部门或代行政府性职能的社会团体或其他跨地区社会组织，对于国内普遍存在的服务或公共管理内容，根据非营利和成本补偿原则，制定的收费项目。例如银行业监管费、土地复垦费、城镇垃圾处理费等，2017 年 1 月 9 日财政部官网公布的清单中，中央部门和全国性的涉企行政事业性收费共 69 种，涉及超过 26 个职能部门。在减税降费总目标下，2017 年 4 月 1 日中央设立涉企行政事业性收费中的 35 项予以停征或取消。

（2）"地方定"行政事业性收费。"地方定"行政事业性收费主要是地方人民政府、地方行政部门、地方代行政府性职能的社会团体或地方性社会组织，根据其向企业提供的服务内容而设立的收费项目。例如城市建设配套费、异地绿化费和铁路土地使用费等。各个省份也会制定地方版的行政事业性收费清单，有的地方会在中央公布清单的基础上再增加一些费用项目，河南省公布的行政事业性收费清单中总共有 25 个大类，大类之下又包含 79 项子费用，子费用下又有诸多细项，例如其中"检验检测费"这一子费用下包含 9 个细项。

但 2017 年以来地方定涉企收费出现费用项目缩减甚至"零收费"的趋势，例如，截至 2017 年底，浙江、广东、湖北、北京、辽宁等超过 14 个省份实现了涉企行政事业性收费的省定项目清零，并且一批财政状况良好的地级市也逐步实现了行政事业性涉企的市级零收费。

3. 强化市场化机制的经营服务性收费。经营服务性收费是指依法获得经营资质的法人、个人或者其他组织，向社会提供设施、场所、知识技术、劳务等各类有偿的经营服务行为而向企业收取的费用。我国经营服务性收费已经逐步放开，因而收费主体是事业单位和企业。按照费用项目的内容和征收条例制定主体的差异，将经营服务性收费进一步分为"中央定"经营服务性收费和"地方定"经营服务性收费。

（1）"中央定"经营服务性收费。"中央定"经营服务性收费是指国务院及其下属部门或其他跨区域性社会组织，基于适度盈利原则，为银行、物业公司等企业性质单位提供有偿服务设立的收费项目。例如征信服务收费、外开放港口服务收费、商业银行基础服务收费和民航垄断环节服务收费，2018 年 1 月国家发改委制定并发布我国政府定价的经营服务性收费清单，中央定价收费项目作出大幅"瘦身"，减少 62%，由原来的 13 项减至 5 项。

（2）"地方定"经营服务性收费。"地方定"经营服务性收费主要是指地方政府及其下属部门或其他地区性社会组织，对地方社会和经济环境下由企业性质单位所提供的服务，因地制宜制定的收费项目。例如车辆通行费、机动车停放服务收费、危险废弃物处置收费和矿山应急救援服务费，同样在2018 版国家发改委公示的经营服务性收费清单中，各省地方定价的收费项目减少了 48%，由平均 25 项减至平均 13 项。

4. 涉企收费"灰色地带"的行业协会商会收费。我国经济正在步入"新常态"，行业协会商会作为企业与政府桥梁，在产业结构转型升级中一定程度上发挥着"市场支持"和"市场补充"作用。行业协会商会按照活动地域的差异可以分为全国性行业协会商会、跨省区行业协会商会和地方性行业协会商会。按照行业协会商会与相关行政机构及其下属单位的关系，可以分为"已脱钩"行业协会商会、直接登记成立的行业协会商会和"未脱钩"行业协会商会，其中，各地开展行业商业协会与主管机关的"脱钩"工作，可以预见未来会"未脱钩"行业协会商会逐渐消失。蔡斯敏（2014）在研究中按照组织属性类型将行业协会商会分为体制外行业商会协会、经济性中介组织和体制内行业协会商会。

行业协会商会的传统服务内容包括企业培训、信息和中介协调等，与之对应的收费项目可以大致分为四类：以组织内部企业作为缴费主体的会费、特定行政事业性收费、特定经营服务性收费以及其他收费项目。其中，会费项目的设立更多的是体现"俱乐部组织"的特点，根据山东省2017年12月和2018年1月公示的第一批、第二批省级行业协会商会的涉企收费情况，现阶段会费无论在项目数量上还是收取总金额上都占据着绝对的主体地位。

特定行政事业性收费和特定经营服务性收费更多地体现了其"政府代理人"和"中介桥梁"角色，可以与涉企收费大类中的行政事业性收费和经营服务性收费进行合并列示，并且基于"小政府、大市场"的思想，我国正在推进政府权力的下放和职能的转变，具体行业协会商会层面，通过"脱钩"方式与政府机构关系得到进一步厘清，政商关系由全能主义朝着现代社会治理模式演变，如图1-2所示。市场机制的完善预计会使行业协会商会的行政事业性收费和经营服务性收费出现一定程度的"瘦身"。其他收费项目除了部分无法准确分类的收费项目外，也是行业协会商会收费中为人诟病的"灰色地带"，例如非会费性质的理事、副理事长单位收费和其他只收费不服务的项目。

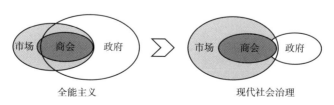

图1-2　不同时期市场、商会及政府关系演变

5. "泛涉企收费"概念的政府保证金。通过对已经公示的不同项目政府保证金相关条例的对比分析，作出以下概念定义：政府保证金是指为了保护特定社会群体和社会组织的合法权益，而要求相关企业在开始特定经营活动前或规定时间内预先支付一定金额的担保资金。我国常见的保证金有投标保证金、工程质量保证金、政府采购履约保证金和农民工工资保证金等。

我国政府保证金存在中央和地方共定的特点，中央政府和相关职能部门在制定保证金条例时对于保证金的计提比例给予一定幅度调节区间，允许地方政府自由裁量的空间较大。例如关于农民工工资保证金的收取，在我国人力资源和社会保障部 2017 年 12 月牵头出台的《关于进一步完善工程建设领域农民工工资保证金制度的意见》中规定，连续两年没有发生拖欠工资行为的缴存企业，缴存比例应给予不低于 50% 的降幅，具体的降幅比例仍由地方政府制定，但是中央也对降幅进行了区间限定，因而可以认为是由中央与地方共定的。

第二章

涉企收费的政策背景与现实负担

减税降费包括"减税"与"降费"两类政策。其中,减税指通过税收减免措施降低纳税人负担,在政策使用上可划分为结构性减税和普惠性减税,前者针对特定经济行为或特定纳税人,实行照顾性或激励性的政策,后者则是税费要素的优化调整或制度性重塑;降费指降低费用负担,在政策使用上可划分为清理或降低行政事业性收费、调整政府性基金和降低社会保险费等。

从财政部、国家税务总局和中央政府网站获取 2008~2022 年发布的 546 份减税降费政策、法律法规、细则、通知、意见、条例、办法,可将减税降费政策归纳为结构性减税政策为主(2008~2011 年)、普遍降费政策与结构性减税并举(2012~2017 年)、全面减税降费(2018~2020 年)三个阶段。我国结构性减税政策的推出始于 2008 年,受国际金融危机影响,国内经济下行压力显著增加,当年 12 月召开的中央经济工作会议首次提出"实行结构性减税"。相应的 2008~2011 年结构性减税政策数量呈逐年增加趋势,2011 年发文量达到峰值,为 45 项。2012~2017 年减税降费政策逐渐呈现出降费政策与结构性减税并举的趋势。2012 年 1 月 1 日在上海交通运输业和部分现代服务业开展"营改增"试点,随后推广到更多行业与更大范围;2012 年 12 月的中央经济工作会议中再次提出"结合税制改革完善结构性减税政策"。该时期结构性减税政策数量先减少后增加，降费规模呈现上升态势，同期政策发布量超过30项。2018～2022年减税降费政策表现为降费、结构性减税与普惠性减税三足鼎立的格局，进入全面减税和降费阶段。2018年12月召开的中央经济工作会议明确提出实施更大规模的减税降费，降费政策发文呈稳中有增的数量趋势。

本章内容通过梳理行政事业性收费、经营服务性收费、收费目录清单制度相关法规，结合2016～2022年政府降成本工作报告内容，以剖析国内涉企收费的政策变迁，从市场主体维度感知降费效应，分析征管模式和负担现状的产生机理。

第一节 涉企收费的分项管理模式

2014年6月《国务院办公厅关于进一步加强涉企收费管理减轻企业负担的通知》颁布，强化了"正税清费、依法治费"原则，被视为新时期涉企收费政策的始点。中央政府层面已经建立了行政事业性收费、政府性基金、收费目录清单制度的指导条例，但关于经营服务性收费的征管模式仅限于地方层面的立法实践。

一、行政事业性收费的管理模式

行政事业性收费是国家机关、事业单位、代行政府职能的社会团体及其他组织根据法律法规等有关规定，依照国务院规定程序批准，在实施社会公共管理以及在向公民、法人和其他组织提供特定公共服务过程中，向特定对象收取的费用。行政事业性收费管理模式涉及收费标准的申请、受理、调查、论证、审核、决策、公布、公示、监督、检查等环节，核心流程为分级审批整体框架、申请与受理程序、审批流程与原则、管理和监督，如图2－1所示。

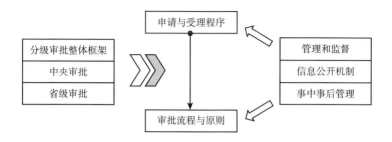

图 2－1　行政事业性收费的管理模式

资料来源：笔者对《行政事业性收费标准管理暂行办法》整理得到。

（一）分级审批整体框架

收费标准实行中央和省两级审批制度，国务院和省（区、市）人民政府的价格、财政部门按照规定权限审批收费标准。

中央有关部门和单位以及全国或者跨区域范围内实施收费的标准，由国务院价格、财政部门审批。其中，重要收费项目的收费标准应当由国务院价格、财政部门审核后报请国务院批准。除上款规定的其他收费标准，由省级政府价格、财政部门审批。其中，重要收费项目的收费标准应当由省级政府价格、财政部门审核后报请省级政府批准。未列入行政事业性收费目录清单的收费项目，一律不得审批收费标准。

（二）申请与受理程序

除法律法规和省级以上人民政府另有规定外，收费单位申请制定或者调整收费标准，应当按照管理权限向国务院价格、财政部门或者省级政府价格、财政部门提出书面申请。其中，国务院价格、财政部门负责审批的收费标准，由中央有关部门、省级政府或者其相关部门向国务院价格、财政部门提出书面申请。省级政府价格、财政部门负责审批的收费标准，由省级政府有关部门、地市级人民政府或者其价格和财政部门向省级政府价格、财政部门提出书面申请。

地域成本差异较大的全国或者区域范围内实施的收费标准，国务院价格、财政部门可授权省级政府价格、财政部门审批。专业性强且类别较多的考试、注册等收费，省级以上政府价格、财政部门可以制定收费标准的上限，由行业主管部门在上限范围内确定具体收费标准。

1. 申请制定或者调整收费标准的前置材料。申请制定或者调整的收费标准方案、依据和理由，预计年度收费额或者近 3 年年度收费额、调整后的收费增减额；申请制定或者调整收费标准的成本测算材料；相关的法律法规、规章和政策规定；收费单位的有关情况，包括收费单位性质、职能设置、人员配备、经费来源等；对收费对象及相关行业的影响；价格、财政部门认为应当提供的其他相关材料。申请人应当对提供材料的真实性、完整性、合法性负责。

价格、财政部门收到申请后，应当对申请材料进行初步审查。申请材料齐全、符合规定要求的，应当予以受理，并告知申请单位；申请材料不齐全或者内容不符合规定要求的，应当一次性告知申请单位对申请材料进行修改或者补充。

2. 关于不予以受理的申请情形。申请依据与现行法律法规、规章和政策相抵触的；制定或者调整收费标准的理由不充分或者明显不合理的；提供虚假材料的；超出价格、财政部门审批权限的。对不予受理的申请，应当在接到申请之日起 15 个工作日内书面通知申请单位，并说明理由。

（三）审批流程与原则

行政管理类收费，即根据法律法规规定，在行使国家管理职能时，向被管理对象收取的费用，收费标准按照行使管理职能的需要从严审核。审查申请收费标准与收费单位履行职能需要是否相适应以及实施收费的操作性、社会承受能力等相关事宜。

1. 审批时效性。价格、财政部门原则上自受理申请之日起 60 个工作日内作出收费标准审批决定。申请单位同时申请设立收费项目和制定收费标准的，原则上在收费立项文件印发之日起 60 个工作日内作出收费标准审批决定。对需要召开听证会的，根据听证的有关程序执行，听证时间不计入收费标准审批时限。上述审批时限不包括上报国务院或者省级政府批准的时间。因特殊原因超过审批时限的，应当书面告知申请单位。

2. 审批结果发布形式。价格、财政部门审批收费标准的决定，以公文形式发布。主要内容包括收费主体、收费对象、收费范围、计费（量）单位和标准、收费频次、执行期限等。

3. 收费新项目的运行设置。初次制定的收费标准，可以规定试行期，试行期满后继续收费的，申请单位应当在试行期满 60 个工作日前，按照规定程序和要求重新申请收费标准，由价格、财政部门根据试行情况和本办法规定重新审批。

4. 审批遵循的基本原则。收费标准审批遵循经济领域的一般原则，包括公平、公正、公开和效率的原则；符合国际惯例和国际对等的原则；满足社会公共管理需要，合理补偿管理或者服务成本，并与社会承受能力相适应的原则；促进环境保护、资源节约和有效利用以及经济和社会事业持续发展的原则。例如，根据法律法规规定向开采、利用自然和社会公共资源者收取的费用，收费标准参考相关资源的价值或者其稀缺性，并考虑可持续发展等因素审核。对开采利用自然资源造成生态破坏、环境污染或者其他环境损坏的，审核收费标准时，应当充分考虑相关生态环境治理和恢复成本。

（四）管理与监督

1. 信息公开机制。行业主管部门应当加强对本行业收费单位的指导，督促收费单位依法依规收费。除涉及国家秘密外，价格、财政部门应当及时将审批的收费标准告知申请单位，并向社会公布。收费单位应当建立健全内部收费管理制度，严格执行国家各项收费管理规定。收费单位应当在收费地点的显著位置公示收费项目、收费标准、收费主体、计费单位、收费依据、收费范围、收费对象、减免规定、监督举报电话等，自觉接受社会监督。

2. 事中事后控制。价格、财政部门应当加快建立收费标准执行情况后评估制度，对收费标准执行情况进行监测或定期审核，加强监管。如果法律法规及国务院规定发生变化，或者收费成本、范围、对象等情况变动较大的，价格、财政部门应当及时调整收费标准。

二、政府性基金的管理模式

政府性基金是各级人民政府及其所属部门根据法律、行政法规和中共中央、国务院文件规定，为支持特定公共基础设施建设和公共事业发展，向公民、法人和其他组织无偿征收的具有专项用途的财政资金。

（一）政府性基金一级审批制度

政府性基金属于全额纳入财政预算的政府非税收入，实行"收支两条线"管理。政府性基金使用部门和单位负责编制涉及本部门和单位的有关政府性基金收支预算和决算，并负责政府性基金的具体征收工作。

政府性基金遵循统一领导、分级管理的原则，财政部负责制定全国政府性基金征收使用管理政策和制度，审批、管理和监督全国政府性基金，编制中央政府性基金预决算草案，汇总全国政府性基金预决算草案。各级财政部门是政府性基金管理的职能部门。地方各级人民政府财政部门以及政府性基金征收、使用部门和单位，按照权限分别负责政府性基金的征收、使用、管理和监督，编制本级政府性基金预决算草案。

（二）申请与审批程序

国务院所属部门、地方各级人民政府及其所属部门申请征收政府性基金，必须以法律、行政法规和中共中央、国务院文件为依据，法律、行政法规和中共中央、国务院文件没有明确规定征收政府性基金的，一律不予审批。

1. 申请程序。法律、行政法规和中共中央、国务院文件已经明确政府性基金征收对象、范围和标准等内容的，其具体征收使用管理办法由财政部会同有关部门负责制定；法律、行政法规和中共中央、国务院文件明确规定征收政府性基金，但没有明确规定征收对象、范围和标准等内容的，应当按照下列程序进行申请和审批。

国务院所属部门、地方各级人民政府及其所属部门申请附加在税收、价格上征收，或者按销售收入、固定资产原值等的一定比例征收的政府性基金项目，应当由国务院所属部门或者省级政府提出书面申请，经财政部会同有关部门审核后，报国务院批准；国务院所属部门申请征收其他政府性基金项目，应当向财政部提出书面申请，由财政部审批；地方各级人民政府及其所属部门申请征收除其他政府性基金项目，应当提出书面申请，经省级政府财政部门审核后，由省级政府财政部门或者省级政府报财政部审批。

2. 征收政府性基金的申请文本范式。政府性基金项目名称、征收目的和依据、征收机构、征收对象、征收范围、征收标准、征收方式、资金用途、使用票据、使用单位、执行期限等，并说明有关理由。同时，还应当提交有关征收政府性基金的法律、行政法规和中共中央、国务院文件依据以及国务院或财政部认为应当提交的其他相关数据和资料。

3. 审批程序。财政部收到征收政府性基金的申请文件后，应当对申请征收的政府性基金是否符合法律、行政法规和中共中央、国务院文件规定等内容进行审查，并对申请征收政府性基金的有关情况进行调查，通过召开座谈会、论证会、书面征求意见等形式，广泛听取征收对象和其他相关部门或者单位的意见。经初步审查确认申请文件的形式和内容符合本办法规定的，应当予以受理；经初步审查确认申请文件的形式和内容不符合本办法规定的，应当及时通知申请单位对申请文件作出相应修改或者补充相关资料。

财政部原则上应当自受理申请之日起 90 个工作日内作出是否批准征收政府性基金的决定或者提出是否同意征收政府性基金的审核意见。由于客观原因未能在规定时间内作出审批决定或者提出审核意见的，应当向申请单位说明理由。

4. 审批结果信息公示制度。财政部于每年 3 月 31 日前编制截至上年 12

月 31 日的全国政府性基金项目目录，向社会公布。各省（区、市）人民政府财政部门按照财政部规定，于每年 4 月 30 日前编制截至上年 12 月 31 日在本行政区域范围内实施的政府性基金项目，向社会公布。政府性基金的征收、使用、管理等应当接受财政、审计部门的监督检查。

一是社会公示。财政部关于批准或者不予批准征收政府性基金的决定，应当以书面形式发布。批准决定应当包括以下内容：审批政府性基金的依据、政府性基金项目名称、征收机构、征收对象、征收范围、征收标准、征收方式、使用票据、资金用途、使用单位、执行期限、监督检查等。其中，政府性基金征收标准根据有关事业发展需要，兼顾经济发展和社会承受能力确定。不予批准的决定，应当说明依据和理由。二是国务院呈报。财政部同意或者不同意征收政府性基金的审核意见，应当以书面形式上报国务院。其内容包括申请征收的政府性基金是否具有法律、行政法规和中共中央、国务院文件依据，是否同意征收及主要理由；对经审核同意征收的政府性基金，还应当提出对政府性基金项目名称、征收机构、征收对象、征收范围、征收标准、征收方式、使用票据、资金用途、使用单位、执行期限以及监督检查等内容的具体意见和建议。

5. 收费信息变更程序。除法律、行政法规和中共中央、国务院或者财政部规定外，其他任何部门、单位和地方各级人民政府均不得批准设立或者征收政府性基金，不得改变征收对象、调整征收范围、标准及期限，不得减征、免征、缓征、停征或者撤销政府性基金，不得以行政事业性收费名义变相设立政府性基金项目。

政府性基金在执行过程中需要变更项目名称，改变征收对象，调整征收范围、标准、支出范围及期限或减征、免征、缓征、停征的，除法律、行政法规、国务院或财政部另有规定外，应当按规定的审批程序重新履行报批手续。因客观情况发生变化，对不宜再继续征收的政府性基金，由财政部按照规定程序报请国务院予以撤销，或者按照法律、行政法规规定程序予以撤销。

（三）征收与缴库

政府性基金征收机构应当严格按照法律、行政法规和中共中央、国务院或者财政部规定的项目、范围、标准和期限征收政府性基金。公民、法人或者其他组织不得拒绝缴纳符合本办法规定设立的政府性基金。

1. 征收流程。政府性基金按照规定实行国库集中收缴制度。各级财政部门可以自行征收政府性基金，也可以委托其他机构代征政府性基金。委托其他机构代征政府性基金的，其代征费用由同级财政部门通过预算予以安排。

除财政部另有规定外，政府性基金征收机构在征收政府性基金时，应当按照规定开具财政部或者省级政府财政部门统一印制或监制的财政票据；不按规定开具财政票据的，公民、法人和其他组织有权拒绝缴纳。

2. 缴库规定。政府性基金收入应按规定及时、足额缴入相应级次国库，不得截留、坐支和挪作他用。各级财政部门应当按照有关规定，监督政府性基金的征收和解缴入库。

（四）预决算管理

政府性基金预算编制遵循"以收定支、专款专用、收支平衡、结余结转下年安排使用"的原则。政府性基金收支纳入政府性基金预算管理。

1. 预算编制。各级财政部门应当建立健全政府性基金预算编报体系，不断提高政府性基金预算编制的完整性、准确性和精细化程度。政府性基金使用单位按照财政部统一要求以及同级财政部门的有关规定，根据年度相关政府性基金预算执行情况，编制政府性基金决算，报同级财政部门审核。各级财政部门汇总编制本级政府性基金决算草案，报同级人民政府审定后，报同级人民代表大会常务委员会审查批准。财政部汇总中央和地方政府性基金决算，形成全国政府性基金决算草案，经国务院审定后，报全国人民代表大会常务委员会审查批准。

2. 政府性基金支出。政府性基金使用单位应当按照财政部统一要求以及同级财政部门的有关规定，编制年度相关政府性基金预算，逐级汇总后报同级财政部门审核。各级财政部门在审核使用单位年度政府性基金预算的基础上，编制本级政府年度政府性基金预算草案，经同级人民政府审定后，报同级人民代表大会审查批准。财政部汇总中央和地方政府性基金预算，形成全国政府性基金预算草案，经国务院审定后，报全国人民代表大会审查批准。

政府性基金支出根据政府性基金收入情况安排，自求平衡，不编制赤字预算。各项政府性基金按照规定用途安排，不得挪作他用。政府性基金使用单位要强化预算执行，严格遵守财政部制定的财务管理和会计核算制度，按照财政部门批复的政府性基金预算使用政府性基金，确保政府性基金专款专用。

3. 政府性基金收入。各级财政部门要加强政府性基金预算执行管理，按照经同级人民代表大会批准的政府性基金预算和政府性基金征收缴库进度以及国库集中支付的相关制度规定及时支付资金，确保政府性基金预算执行均衡。

（五）监督与公示

1. 监督检查机制。各级财政部门、政府性基金征收机构和使用单位应当严格按照国家规定征收、使用和管理政府性基金，加强政府性基金收支管理及相关财政票据使用情况的监督检查。政府性基金征收机构和使用单位应当建立健全相关政府性基金的内部财务审计制度，自觉接受财政、审计部门的监督检查，如实提供相关政府性基金收支情况和资料。

对未按本办法规定的审批程序批准，自行设立政府性基金项目，或者改变政府性基金征收对象、范围、标准和期限的，财政部应当会同有关部门予以纠正，公民、法人和其他组织有权拒绝缴纳并向财政部举报。

2. 信息公示机制。财政部应当按照本办法规定定期向社会公布新批准征收或取消的政府性基金项目等相关信息。省级政府财政部门应当按规定期向社会公布本行政区域内实施的政府性基金项目等相关信息。政府性基金征收机构应当按照规定在征收场所公布政府性基金的征收文件，接受社会监督。

（六）政府性基金管理体系解构

基于政府性基金管理活动的流程，政府性基金管理体系可以分解为征收管理、分配管理和使用管理三个环节，如图2-2所示。

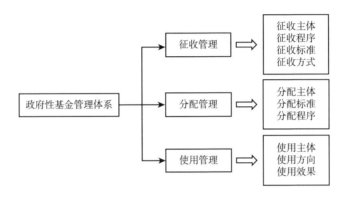

图 2-2　政府性基金管理体系

资料来源：根据《政府性基金管理暂行办法》整理得到。

1. 政府性基金的征收管理。征收管理直接反映了征收与被征收主体之间的权利与义务关系，是政府性基金管理的基础。政府性基金的征收管理主要包含征收标准、征收方式、征收主体和征收程序等内容。其中，政府性基金的征收标准与征收方式是征收政府性基金的关键内容，涉及基金的收入来源和政府权力的使用。政府性基金征收主体是完善政府性基金征收制度的重要起点，包括各级财政部门、税务部门及其他相关的行政主管部门。政府性基金征收程序是规范征收管理的整体框架，贯穿于征收管理的各个环节。

2. 政府性基金的分配管理。政府性基金的分配管理是资金合理使用的前提，是连接征收管理与使用管理的纽带。政府性基金的分配管理分为横向分配和纵向分配管理两大方面。主要涉及分配标准、分配主体、分配程序等内容。分配管理的核心内容是分配标准，要结合政府性基金项目特点，以公平原则确定合理标准。

3. 政府性基金的使用管理。政府性基金的使用管理对基金的效益起到了决定性作用，是政府性基金管理的核心内容，专用性和目的性是政府性基金使用管理的内核。关于专用性，要根据政府性基金设立初衷，将资金专项用于相关公共事业。关于目的性，通过绩效指标评估政府性基金的使用效果是否达到预期值。

三、经营服务性收费的管理模式

相较于行政事业性收费与政府性基金，经营服务性收费的概念内涵在学术研究与政策实践中存在显著的个体性认知和地方性规定差异，本节内容借鉴了国内市场经济最为发达、资源要素最齐备、经营服务性收费规章探索较早的广东省相关法规。将经营服务性收费的概念外延定义为在行政区域内提供场所、设施、技术、信息、知识、体力劳动等经营服务并收取费用的行为统称。

（一）政府定价的分级收费管理

省内各级人民政府的物价部门在管理中遵循"统一领导，分级管理"原则，负责本行政区域内的经营服务性收费工作。各级财政、税务、审计、监察、工商、技术监督等部门根据各自的职责，协助物价部门对经营服务性收费进行管理。

经营服务性收费实行政府定价与经营者定价两种形式。政府定价是指县级以上人民政府及其物价部门按价格分工管理权限制定的收费项目和具体收费标准或允许在一定范围内变动的收费标准。经营者定价是指除政府定价以外，经营者依法自主制定或协商确定的收费项目和收费标准。

1. 收费项目范围。依据法律、法规或政府规定，具有垄断性、强制性、保护性以及公共福利性的经营项目；在特殊情况下，政府认为需要强化管理的经营项目；国家机关下属事业单位在行政事业性收费以外的收费项目。

2. 收费项目公示制度。政府定价的收费项目，实行目录管理。省物价部门负责制定《广东省经营服务性收费项目分工管理目录》，报省人民政府批准后公布。制定或调整对公众利益影响较大的收费标准时，应向社会征询意见。

3. 新增收费项目程序。对管理目录以外的收费项目，凡符合规定范围的，由当地物价部门逐级上报省物价部门审批。物价部门应当以收费成本为基础，结合当地的物价指数、各行业特点、收费范围、市场平均利润率水平以及群众承受能力等审定具体收费标准。政府定价的收费管理可以采取直接审定收费标准，规定收费幅度、差价率、利润率等形式。政府定价的收费项目和标准实行许可证制度和年审制度。

（二）经营者的收费行为规范

1. 经营者权利。在法律、法规允许自主定价范围内，遵循公开、公平、公正和诚实信用的原则，以经营成本为基础，结合市场供求状况、合法利润等因素确定具体收费标准；在政府规定幅度内；对收费项目可实行优质优价、季节差价、品质差价、地区差价；根据自愿的原则调整收费标准或对政府定价的收费项目提出调整建议；对行政机关侵犯其合法权利的行为提出申诉。

2. 经营者义务。执行政府定价项目的收费标准，接受物价部门的监督管理；执行政府的价格宏观调控措施；依法提供有关经营成本、收费资料；收费项目应明码标价，价签价目齐全，保证质价相符；向缴费者提供收费的合法凭证。

（三）经营服务性收费监控

1. 政府部门分级监管。省人民政府根据本省或某地级以上市场价格总水平有可能或已出现的剧烈波动等异常情况，可以采取临时集中定价权限、部分或全面冻结价格等紧急措施。待异常情况消失后，该紧急措施应及时予以撤销。

市、县人民政府对市场价格总水平影响较大的收费项目，经上一级物价部门批准，可以采取临时规定利润率、差价率或最高限价和最低保护价等干预措施。临时干预措施的时效不得超过 6 个月。需延期的，应经省物价部门批准。县级以上人民政府可以根据不同时期的价格趋势，对部分经营服务性收费项目的收费标准进行监测和审核，并建立相应的提价申报和调价备案制度。各级物价部门应向社会公布投诉电话，及时受理群众的投诉，采取各种形式对收费进行监督。

2. 社会监督。各业务主管部门、行业协调组织、社会团体对群众反映强烈的收费问题应及时通报物价部门，并协助调查处理。物价检查机构应按法定程序对被检查人、利害关系人、证明人进行调查、询问，并收集和复制有关账册、单据和其他资料。被检查人、利害关系人和证明人应如实反映情况，提供有关资料，不得阻碍物价检查人员依法执行公务。

（四）利益相关者法律约束机制

1. 政府法律责任。各级人民政府有关部门对政府定价的收费项目管理权限，应按管理目录执行，不得擅自越权增设项目和调整政府定价的收费标准。市、县人民政府违反本规定的，由上一级人民政府或上一级物价部门予以纠正。

物价部门和物价检查机构及其工作人员在执行公务过程中侵害公民、法人合法权益的，应依法承担行政赔偿责任；行政执法人员滥用职权、徇私舞弊的，由行政监察部门给予行政纪律处分，构成犯罪的，由司法机关依法追究刑事责任。各业务主管部门违反本规定的，由同级物价部门予以纠正。

2. 市场主体法律责任。经营者违反第十三条、第十四条规定的，行业协调组织违反第十五条规定的，由物价检查机构依据《中华人民共和国价格管理条例》进行查处。违反本规定的单位负责人和直接责任人，按照《广东省违法收费行为处罚规定》处理。当事人对物价检查机构作出的处罚决定不服的，按《行政复议条例》的规定申请复议。对复议决定不服的，可以在收到复议决定书之日起 15 日内，向人民法院起诉。

四、涉企收费目录清单制度

2015 年以来国家发展改革委和各级价格主管部门，紧紧围绕国务院"放、管、服"改革要求，在全面清理规范涉企收费的基础上，建立了涉企经营服务收费、进出口环节经营服务收费和行政审批前置服务收费三项目录清单制度。按照国务院关于加快建立权力清单、做好政务公开、对政府定价或指导价经营服务收费等实行目录清单管理的要求精神，基于《关于全面实行收费目录清单制度的通知》将收费目录清单制度总结为以下四点内容。

（一）收费目录清单制度的意义

收费目录清单作为政府权力清单的重要组成内容，建立权力清单制度是加强政府职能转变、创新行政管理方式的有效途径，对提高价格治理能力和优化价格服务水平具有重要意义。经过近年来清理规范，涉企收费秩序明显好转，收费项目大幅减少，收费标准明显降低。将清理规范涉企收费的成果以清单形式固定下来，有利于防止不规范收费问题沉疴再起，是减轻企业负担的重要手段。同时，推行收费目录清单制度，将政府定价权限定在清单范围以内，也有利于提高收费政策透明度，接受社会监督。各级价格主管部门要充分认识建立和实行收费目录清单制度的重要意义，全面贯彻落实要求，切实将这项制度落到实处。

（二）收费目录清单的自查机制

各省级价格主管部门要在当年 7 月 20 日前，集中时间和力量，全面自查收费目录清单公布和执行情况。已公布清单的省份，要通过基层走访、企业调研等方式，深入一线，及时摸清存在的问题，对执行效果进行评估，研究提出修改完善的政策措施。已经建立但尚未公布收费目录清单的省份，要于当年 7 月 20 日前向社会公布。对个别地方由于审改部门行政审批前置服务项目清单尚未公布，而未公布收费目录清单的，价格主管部门可与相关牵头部门联系沟通，先按现有行政审批前置服务项目，建立相应收费目录清单，待本地项目清单公布后，再动态调整收费目录。不得以行政审批前置服务项目清单未公布为由，不按规定要求对外公布收费目录清单。

（三）收费目录清单的动态调整机制

各级价格主管部门要把简政放权作为落实收费目录清单制度的一条主线，重点在放开下放定价权和减轻企业负担上下功夫。政府定价收费事项要全部进入清单，企业对清单以外的政府定价收费项目有权拒绝缴纳；凡是没有法律法规等依据的收费项目，一律取消；凡是企业反映收费标准偏高的，要认真进行核实，确属偏高的收费标准一定要降下来。当前，国家发展改革委和各级价格主管部门持续深入推进价格和收费管理市场化改革，一些收费项目管理权限和管理方式调整变化较快，已公布收费目录清单的省份，要按照简政放权的要求，对收费管理方式发生改变、不再实行政府定价管理，或者行政审批前置服务项目变化的收费项目等，及时动态调整收费目录清单。

（四）收费目录清单的四级构成体系

中央和各省级价格主管部门已经建立了收费目录清单制度。2015 年 10 月，国家发展改革委制定并公布了《中央涉企经营服务收费目录清单》和《中央涉企进出口环节经营服务收费目录清单》，经过清理，中央已经没有政府定价管理的行政审批前置服务收费项目。除个别省份外，各省级价格主管部门均已建立并对外公布收费目录清单。在公布省级政府定价收费目录清单的基础上，各省级价格主管部门可积极指导各市、县价格主管部门，参照国家发展改革委办公厅《关于加快建立涉企经营服务收费目录清单等三项目录清单制度有关问题的通知》的要求，探索建立市、县级政府定价的收费目录清单，逐步形成"中央、省、市、县"四级联动、全面公开的收费目录清单体系。

各地将实施和自查情况于 7 月底前报国家发展改革委。国家发展改革委将在 7 月底前对各地实行收费目录清单制度和公布情况开展督查，对不按规定时间和要求公布收费目录清单、工作落实不力的，予以通报批评。

五、国内降费政策总结

归纳对比 2016～2022 年减负工作通知概要，不难发现历年政府专项工作重点的延续性与差异性，延续性在于毫不动摇地清理涉企收费与落实减负政策，差异性在于降费任务的措辞变化。2016～2020 年降成本工作通知在分标题中直接均指出涉企收费的类别名称，如 2016 年提出扩大行政事业性收费免征范围与取消减免一批政府性基金，2017 年要求清理政府性基金和行政事业性收费与减少涉企经营服务性收费，2018 年要求清理经营服务性收费、归并减免政府性基金和合理降低行政事业性收费，2019 年提出清理规范政府性基金，2020 年要求落实相关政府性收费基金的减免政策。而 2021～2022 年降成本工作通知的分标题中不再提及具体的收费项目，更多体现的是政策连贯性，如 2021 年指出降低重点领域涉企收费与落实落细减税降费红利，2022 年要求清理涉企收费与优化部分税费支持政策。这种政策描述的变化体现出我国降费工作重心由狠抓具体涉企收费项目逐渐回归至优化宏观意义的降费政策事前、事中与事后管理。

国家出台的一系列"降费"措施，切实减轻企业和社会负担。从这一时期发布的降费政策适用对象来看，64 份政策文本中，针对企业的降费政策有56 条，其中有 7 条是单独针对小微企业，不难看出降费的主要对象是企业。国内降费政策、法规和条例涉及行业存在异质性，其中提及文化教育体育事业113 次，涉及包含交通运输行业、公共基础设施建设、公益事业、医疗卫生发展、商品储备在内的其他各项事业 102 次，改善民生 95 次，企业发展 82 次，其中支持小微企业的关键词出现 43 次、节能环保 61 次、高新技术 57 次、资本金融市场 54 次等。降费政策主要以降低行政事业性收费为主，以减收政府性基金和社会保险费为辅，在支持创业就业和鼓励进出口方面稍显薄弱。

第二节　涉企收费的征管现状

以 5 年为政策节点，"十三五"开启了我国减税降费的新篇章。在减负效应方面，2016～2021 年我国减税降费累计超 8.6 万亿元；在组织架构方面，税务部门从之前的"以收税为主"到机构改革后"既收税又收费"，国家财力得到进一步增强，2016 年强制披露清单机制的建立是涉企收费领域标志性事件，极大地加快了降费政策制定进程。通过梳理我国近几年集中出台的降费政策，不难发现通过推进简政放权、建立权力清单制度、发挥市场配置资源的决定性作用，涉企收费领域正在逐步完善全流程控制的相关规章、政策和措施，进一步激发企业特别是小微企业的活力。

一、涉企收费的事前控制

近几年我国涉企收费领域规章政策主要围绕事前控制层面展开，采取"缩减非必要收费项"和"公示拟保留收费项"两类措施。

（一）大力降费，裁减涉企收费项目

1. 整合和裁减政府性基金，并授权各级地方政府进行部分项目自主减免。2016 年 2 月，财政部将价格调节基金停征，将育林基金和新菜地开发建设基金的征收标准降为零，将七项政府性基金整合。2017 年进一步取消了年征收额近 300 亿元的城市公用事业附加等政府性基金，目前，中国政府网公示的中央设立政府性基金清单项目已经缩减至 21 项。

2. 全面规范和清理行政事业性收费，部分地区实现省定行政事业性"零收费"。2017 年中央取消或停征的行政事业性收费项目超过 35 项，并尽可能地降低保留项目收费标准，各地积极削减地方行政事业性收费，安徽、浙江、上海等超过 14 个省份更是做到了省级行政事业性收费的清零。截至 2018 年 1 月，湖北省行政事业性收费项目实现 5 年缩减 82%，由 2013 年初的 133 项裁减到 25 项。

3. 减少部分领域的经营服务性收费，降低经营服务性收费中政府定价的比例。降低铁路货运、金融等领域的经营性收费，自 2017 年 6 月起，取消向铁路运输企业收取的电气化铁路配套供电工程还贷电价。湖北省物价局 2018 年 1 月 24 日公布新版《湖北省涉企收费目录清单》，并规定实行政府定价的经营服务性收费仅限于清单内的，不在清单的费用发挥市场调节，由服务双方协商定价。

此外，中央和各地方相关部门还取缔违规的行政审批中介服务收费，并严查行业协会商会的不合理收费现象。

（二）加强信息公开度，制定并公示涉企收费清单

2017 年 5 月 17 日召开的国务院常务会议上李克强总理要求年底前各地方政府必须将涉企收费清单对外公布。在降费高压态势下中央和各级地方政府相关部门积极制定并公布收费清单，中国政府网首页在醒目位置设置了"全国收费清单一张网"查询入口，2017 年 12 月 26 日我国首个省级涉企收费信息公开平台——安徽省省级涉企收费信息公开网正式开通运营，浙江省、湖北省等地物价局在 2017 年底前陆续公布新版《涉企收费清单》。

二、涉企收费的事中和事后控制

涉企收费的事中和事后控制主要是指相关费用项目收取过程中的合规性以及费用收取后的纠纷解决，现阶段我国采取部门查处与企业个人举报相结

合的措施。

对于违规事项的查处还主要以部门自查、上级部门检查为主。

关于涉企收费的企业举报和申诉渠道，我国各级政府尤其是物价部门作出了较大努力。对于出现的不符合法规规范的涉企收费企业主要有两种途径维护自身合法权益：一是物价局系统的举报平台，如果发现涉企收费行为违反规定，企业可以拨打物价局价格举报电话12358或登录12358网上价格举报系统进行举报，对于价格违法行为物价部门将会发现一起立即查处一起，严格维护企业合法的价格权益。二是在中国政府网设置了"我向总理说句话"专题征集页面，相关企业和个人按照要求填写被投诉问题的发生时间、被投诉单位名称、投诉内容及所在省市县等内容，并且还可以将相关凭据以附件形式发到指定邮箱。此外，还可以在"信用中国"网站上反映相关问题。

三、涉企收费的征管总评

通过对国家领导人在不同场合关于涉企收费方面的发言内容和已公布规章政策的数量进行分类统计，可以发现，我国现阶段涉企收费的整治和规范还是主要集中在事前控制方面，并且取得了较为显著的效果，涉企收费的项目数量大幅度"瘦身"，收费项目的公示更加透明。但是对于收费项目的事中尤其是事后控制略显不足，部门自查、上级部门检查大多数是临时抽调督察人员定期开展，很难做到全时段和全地域的监督。物价局系统12358举报平台和"信用中国"网站的工作方式更多具有"点对面"特征，以一个网站面向庞大的企业和个人群体，单个站点每天要面临大量的反馈意见，因而无法完全负担处理涉企收费纠纷的重任。

可以预见，随着涉企收费项目裁减整合和费用清单公示等事前控制工作的阶段性完成，下一步的工作重点会逐步深入降费效果的事中和事后控制层面，如何为企业搭建一个有效和通畅的举报申诉平台将是未来相关工作的重要议题。税收和涉企收费是企业面临的主要外部收费环境，两者具有很强的关联性和互动性，降低企业经营成本既离不开"减税"，也离不开"降费"。虽然相较于欧美发达国家，我国税收立法、执法和司法层面还存在不足，但是税收层面的改革启动时间更早，仍然可以为涉企收费相关政策法规的制定提供一定的参考，例如，税务行政复议体系就可以为涉企收费的事中事后控制提供较大的借鉴价值。

第三节　涉企收费负担的多层次异质性

一、整体性偏高的涉企收费比率

近些年中央密集制定与出台多轮减负政策，以实现企业纾困、助力经济高质量发展的目标。征收主体统一、职能机构垂直领导的税收领域，减负政策推行效果显著且反馈信息较为准确，而我国涉企收费的制定与征管机构分散，导致政策实施效果依赖于各地政府职能部门的信息反馈，统计结果可能存在人为性偏差。为了准确和直观比较我国税费负担整体水平，除了统计我国 2013～2020 年税收负担和涉企收费负担率，还与其他主要发达经济体和新兴与发展中经济体进行对比分析，计算结果如表 2-1 所示。

表 2-1　　　　　　企业税费负担的年度分析与国别比较　　　　　　单位：%

项目	2013 年	2014 年	2015 年	2016 年	2017 年	2018 年	2019 年	2020 年	年均值		
									中国	发达经济体	新兴发展中经济体
税收负担率	14.66	14.41	13.92	13.68	13.21	13.16	13.11	13.02	13.65	16.17	14.15
涉企收费负担率	9.35	9.01	7.61	7.21	7.32	7.14	7.05	7.03	7.72	0.13	0.61
税费总负担率	24.01	23.42	21.53	21.00	20.42	20.30	20.16	20.05	21.36	16.30	14.76

资料来源：2013～2020 年财政部发布的《全国财政决算》以及 IMF E-Library 数据库资料。

参照吴珊（2017）的量化方法，税收负担率 = $\dfrac{\text{企业税负规模}}{\text{GDP}}$，企业税负规模 = 增值税（进口货物消费税和增值税 − 出口退税）+ 消费税 + 关税 + 城市维护建设税等 + 企业所得税。涉企收费负担率 = $\dfrac{\text{企业涉企收费规模}}{\text{GDP}}$，企业涉企收费规模 = 政府性基金 + 涉企行政事业性收费 + 政府专项收入。计算结果表明，2013~2020 年我国整体税费负担率从 24.01% 下降到 19.95%，其中，税收负担率从 14.66% 持续下降到 13.02%，而涉企收费负担率在 8% 上下浮动，部分年份略有上升。然后基于对经济发展水平和税制结构可比性的考量，进一步计算中国与葡萄牙、捷克等 10 个以间接税为主的发达经济体，以及巴西、埃及等 13 个其他新兴发展中经济体 2013~2020 年的平均税费负担水平，我国平均税收负担率为 13.65%，与主要新兴与发展中国家的基本持平，低于发达国家的 16.20%；我国平均涉企收费负担率为 7.72%，远高于发达国家的 0.13%，也高于新兴与发展中国家的 0.61%。

通过对近 8 年税费负担的横向国别比较以及纵向年份比较，不难发现涉企收费在国家、经济体之间差异显著，在各年份之间也存在历史变化。具体而言，经过营改增、简化税率结构等减税政策后，我国整体税费负担呈下降趋势，企业所得税、增值税等税收负担水平也逐年下降，8 年的均值与其他国家大致相当；但是政府性基金和行政事业性收费等涉企收费的负担水平的减负效果并不明显，仍然远超其他国家，即涉企收费整体负担过重是现阶段我国企业宏观税负存在的主要问题。

二、地域化差异的涉企收费减负

2015 年底我国正式实施涉企收费清单制，清单之外不得收费。因此，政府公示清单目录中收费项目的数量可以认为是各地企业收费负担的表征指标。我国涉企收费清单披露主要是由各省份人民政府、发改委、物价局和财政厅（局）主导完成的，因此，逐一访问各地四个职能部门的官方网站，手工下载并整理项目文件，并结合我国工业和信息化部下属的运行监测协调局网站公示的部分收费内容。总共下载到省级行政区的政府性基金、行政事业性收费、经营服务性收费、行政审批前置服务性收费、行业商业协会收费五大类涉企收费目录清单513份，省会城市有206份。严格意义上讲，行政审批前置服务性收费、行业商业协会收费与行政事业性收费和经营服务性收费存在重合和包含关系，因此，本书中只考虑政府性基金、行政事业性收费、经营服务性收费这三类收费类别，筛选出省级行政区的有效目录清单共计384份。由于篇幅所限，仅列示2017年北京、上海、浙江、安徽等17个省份的涉企收费清单统计结果，涉企收费"最早披露年份"的界定，采取行政事业性收费、经营服务性收费、政府性基金这三项基本收费中首次出现任意一类完整清单，且在清单中标识涉企项目的年份，如表2－2所示。

表2－2　　　　部分省份涉企收费清单内容的描述性统计

地区	涉企收费清单数量（份）	最早披露年份	行政事业性收费		政府性基金		经营服务性收费	
			更新频次	项目个数（个）	更新频次	项目个数（个）	更新频次	项目个数（个）
北京	12	2006	1	42	1	10	1	14
上海	18	2004	2	33	1	13	1	12
天津	37	2011	9	46	1	11	0	0
重庆	11	2012	1	28	1	19	1	24
浙江	11	2015	2	24	2	11	0	0
广东	18	2015	1	21	1	20	2	16.5
安徽	25	2010	2	38	2	17	2	8
海南	19	2013	1	28	1	12	2	8
河南	20	2014	2	36	1	21	1	17
黑龙江	18	2010	1	41	1	10	1	25
江苏	10	2014	1	26	1	19	1	17
辽宁	15	2012	1	34	1	11	1	18
内蒙古	15	2015	2	53	1	13	1	16
宁夏	11	2015	1	58	1	10	1	13
山东	39	2014	7	44.5	6	19	0	0
四川	10	2015	1	31	1	18	1	6
新疆	8	2015	1	41	0	0	1	37

注：大部分省份收费清单采用四级制命名制，为方便比较仅统计至二级项目数量。

具体来看，2017 年行政事业性收费项目数量最多的是宁夏 58 项，最少的是广东 21 项。经营服务性收费项目数量最多的是黑龙江 25 项，最少的是四川 6 项。在减税降费的中央政策基调下，2016 年以来多个省份宣布实现"省定行政事业性收费"清零，但是仔细查看相关文件，不难发现相当大一部分是通过将行政事业性收费转移到经营服务性收费中实现的。为了准确衡量企业收费负担，汇总了行政事业性收费和经营服务性收费项目，两类收费项目合计数量较多的三个省份依次是宁夏 71 项、内蒙古 69 项和黑龙江 66 项，最少的是浙江仅为 24 项。此外在涉企收费清单数量和清单最早披露年份方面各个省份也同样存在较大差异。因此，各个省份在落实降费政策时存在较大的地区差异。

三、涉企收费政策的"言惠而实不至"

近些年随着中央政府对于减税降费的持续推进，多地陆续宣布实现了省级行政事业性收费的"清零"。例如，广东省于 2003 年率先推行"无费区"改革，2014 年深圳福田区、广州黄埔区探索涉企"零收费"。截至 2021 年底，安徽、云南等 20 余个省份均宣布实现取消省级行政事业性收费项目。学术界对于涉企收费"清零"存在争议，支持者认为，在优化营商环境背景下，涉企收费"清零"是最佳的企业减负方式，有助于释放经济活力，是纾困政策的重要实践，因此，行政事业性收费清零势在必行。但部分学者认为，涉企项目应当"收费"，这符合"使用者负担"的财政学基本原理，"清零"将增加政府负担，不利于财政收支健康。此外，涉企收费涉及维护社会公平，同类收费项目，清零地区的企业无须缴纳相应的费用，对于其他地区的市场主体而言不平等。难以回应这些质疑，就无法解决涉企"零收费"和收费的矛盾。

地方政府对于涉企收费的"清零"政策，是经济问题政治化的表现。安徽、云南等省份对于行政事业性收费清理的相关报道中使用"率先"和

"及时雨"等主观词汇，直观彰显出减负工作业绩，但部分企业负责人表示涉企收费负担仍然偏高。原因有两点：一是省级行政事业性收费项目及所占比重本身不高，清理此类项目带来的减负效果并不显著；二是部分省份通过将行政事业性收费转为经营服务性收费的方式实现了"清零"，因而省级行政事业性收费"清零"的宣传意味大于实际价值。

第四节　涉企收费征管现状与现实负担的内在逻辑

涉企收费整体负担偏高和减负政策地域差异化现状与我国特有收费征管机制密切相关，周黎安（2014）在分析中央和地方政府关系和我国政府治理模式时，首次提出行政发包制。借鉴该理论分析我国涉企收费管理体系，首先从整体层面来看，作为委托方的中央政府通过正式或非正式协商，设立具体涉企收费政策目标，将这些目标连同收费制定权一起发包给不同职能部门以及各省、市级政府，各地政府因地制宜制定辖区内收费项目，中央政府通过行使检查验收权，组织物价部门定期检查、评估，确保地方政府涉企收费项目的合理性。其次，关于涉企收费在制费、征费和裁费环节行政发包的具体表现形式分别做以下分析。

一、涉企收费"制费"环节的行政发包特征

（一）涉企收费"制费"主体多元化

涉企收费制费环节的行政发包体现在，确定了涉企收费政策目标后，出于专业性考虑"发包"给中央各个职能部门，再由中央按照职责权属进一步"发包"给各地人民政府及相关机构，这导致涉企收费制费环节存在制定主体多元化的现状。我国涉企收费分为政府机构制定和服务提供方制定两类，其中，政府制定收费项目的制费主体既包括中央层面的国家发改委、财政

部、海关总署等，也包括地方层面的各地人民政府及相关职能部门。如图2-3所示，基于上述制费主体的行政级别差异将行政事业性收费、政府性基金和经营服务性收费各自分为"中央定"和"地方定"两部分，具体来看，这种多元化体现在职能部门的横向跨度和垂直级别两个方面。

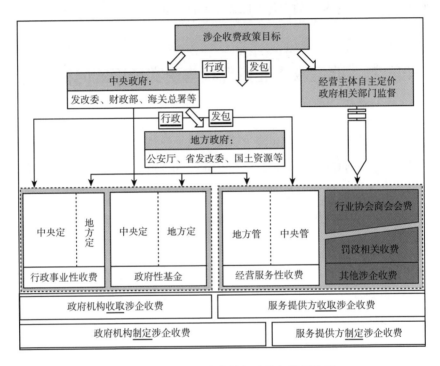

图2-3 我国涉企收费的行政发包管理体系

资料来源：笔者对各地政策实践的总结。

（1）涉企收费"制费"主体的横向跨度多元化。在中央层面涉企收费的制定横跨国家发改委、财政部、交通运输部和人民银行等26个部门，例如公安部门制定的证照费、住房城乡建设部门制定的城市道路挖掘占用修复费、工业和信息化部门制定的电信网码号资源的占用费、自然资源部门制定的耕地开垦费、民航部门制定的航空业务权补偿费。在地方政府层面，涉企收费"制费"主体同样涉及地方物价局、交通局等多个相关职能部门。例如重庆市城管委制定的城市园林绿化建设费、重庆市城乡建设委员会制定的城市建设配套费、福建省旅游部门制定的风景区的资源保护费、福建省建设部门制定城市绿化赔偿费等。这种横向跨度多元化导致我国在规范和清理涉企收费时，需要建立以工信部牵头，由国家发改委、公安部等13个部门和单位共同参与联席会议制度（杨宜勇等，2016）。

（2）涉企收费"制费"主体的垂直级别多元化。中国行政级别通常意义而言采用的是乡科级、县处级、地市级、省部级和国家级的五级划分，根据《国家发改委办公厅全面实行收费目录清单制度通知》的规定，在全国逐步构建中央、省、市、县四级联动收费体系，即我国涉企收费制定主体在垂直级别方面由中央到地方分为四级。中国政府网公示的政府性基金、行政事业性收费清单和国家发改委于2017年12月29日发布的《政府定价的经营服务性收费目录清单》中都将相关费用制定主体分为"中央"和"省（区、市）"两级，除此之外的"地级市"和"县级"两级制定主体设立的收费项目则在当地物价局或财政局官网公示。"制费"主体的垂直级别多元化具体表现为职能相同、级别不同的行政部门分别制费，例如，"中央"级的国务院住房和城乡建设部制定了城市道路挖掘或占用修复费，"省（区、市）"级的重庆市城乡建设委员会制定了城市建设配套费，而这种"制费"主体的垂直级别多元化，导致财税政策在各地的执行标准产生较大差异（何平，2017）。

（3）涉企收费"制费"主体多元化的复合分析——以经营服务性收费为例。经营服务性收费中由政府定价部分较为完整地体现出涉企收费制定主体在横向跨度和垂直级别层面的多元化特征。如表2－3所示，依据2017年12月29日国家发改委对外发布的《政府定价的经营服务性收费目录清单》，中央定价五个项目中涉及的定价部门包括国家发改委、银保监会、人民银行、工业和信息化部、民航局、交通运输部六个政府部门，浙江省政府定价的经营服务性收费项目为船闸收费价格、部分民航机场延伸服务收费、部分垄断性交易市场交易服务收费等15项，涉及定价部门为交通运输部、司法部和自然资源部等。可以看出，经营服务性收费中政府定价部分既有从中央到地方的多级制费主体，同级之内又由不同职能部门负责。

表 2 – 3　　　　　中央政府和浙江省政府定价的经营服务性收费项目

收费项目名称	定价部门	行业主管部门
中央定价项目		
一、商业银行基础服务收费、银行卡刷卡手续费（部分）	发改委、银保监会、人民银行	银保监会、人民银行
二、征信服务收费（部分）	发改委	人民银行
三、电信网和互联网间结算价格	工业和信息化部	工业和信息化部
四、民航垄断环节服务收费（部分）	民航局	民航局
五、沿海、长江干线主要港口及其他所有对外开放港口服务收费（部分）	交通运输部、发改委	交通运输部
浙江省定价项目		
一、船闸收费	价格、省交通运输厅	省交通运输厅
二、民航机场延伸服务收费（部分）	价格主管部门	省交通运输厅
三、公路清障救援服务收费（部分）	价格主管部门	省交通运输厅
四、检测检验和评价收费（部分）	价格主管部门	省公安厅
五、司法服务收费（部分）	价格、省司法厅	省司法厅
六、垄断性交易平台（市场）交易服务收费（部分）	价格主管部门	省发改委、自然资源厅等

资料来源：国家发改委和浙江省人民政府公示的经营服务性收费目录清单。

（二）涉企收费定义口径地域化

为了服务于市场经济发展，我国涉企收费项目、收费标准会根据政策需要进行调整，既存在为降低企业负担而调低收费标准、裁减收费项目，也会根据产业发展需要新设收费项目，收费项目的频繁调整在一定程度上导致相关概念边界模糊，具体表现为各地对于涉企收费的分类多样化，缺乏统一的标准。经过数十年的发展，我国涉企收费的概念内涵已大为扩展（冯俏彬，2016）。例如，安徽省物价局在公布的收费清单中将涉企收费分为"行政事业性收费""政府性保证金""政府性基金""行政审批前置服务项目收费"四项；广东将涉企收费分为政府性基金、行政事业性收费、经营服务收费和行政审批前置服务收费；河北将涉企收费分为政府性基金、行政事业性收费、行政许可中介服务收费和罚没事项；宁夏将涉企收费分为政府性基金、行政事业性收费、经营服务性收费和涉企保证金。

总的来说，国家发改委、民政部、各级地方相关职能部门公布的清单中列示的涉企收费不外乎政府性基金、行政事业性收费、经营服务性收费、中介服务收费、行政审批前置收费、政府保证金和行业协会商会收费七项，这些项目在概念外延和涵盖范围方面存在重合问题。

（1）行政审批前置服务性收费与其他涉企收费。行政审批前置收费是政府有关单位和部门在展开行政审批前，规定申请企业委托事业单位、企业或其他社会组织开展作为行政审批受理条件或前置环节的有偿性服务。其中，因委托给其他企业和社会组织提供各类评估、鉴定、审查报告服务而产生的费用属于经营服务性收费的范畴，这部分经营服务性收费中由会计师事务所、券商等第三方组织提供的审计报告、验资收费又属于中介服务收费。行政审批前置收费中由政府部门、事业单位提供的论证、检测等有偿服务则属于行政事业性收费的范畴。

（2）中介服务收费与其他涉企收费。中介服务是政府相关部门在处理申请材料和展开行政审批事项前，要求申请企业委托其他营利性组织开展的有偿性服务，包括民办企业单位章程核准和成立、变更、注销登记前置的验资报告服务，社会团体年检前置的财务审计报告服务等。经营服务性收费是指依法获得经营资质的法人或者其他组织，向社会提供设施、场所、劳务等各类有偿的经营服务行为而向企业收取的费用，经营服务性收费包括行政审批相关的中介收费和其他涉企有偿服务收费，即中介收费与经营服务性收费存在包含关系，同样行政审批前置服务性收费既包括因社会经营主体提供有偿服务而收取的中介服务费用，也包括由政府机构直接收取的其他费用。

（3）行业协会商会收费与其他涉企收费。关于行业协会商会收费，根据2017年11月21日国家发展改革委、民政部、国资委、财政部联合印发的《关于进一步规范行业协会商会收费管理意见》，行业协会商会收取会费后必须提供基本服务，因而会费项目具备经营服务性收费的属性，依据法律法规的规定由行业协会商会代行政府性职能而收取的费用，则应该归入行政事业性收费，在业务范围内开展的营利性经营服务活动收取的费用应该归入经营服务性收费。

通过对行政审批前置服务性收费、中介服务收费、行业协会商会收费与其他涉企收费的概念外延分析，发现涉企收费各子项目之间存在盘综错杂的重合关系，并且我国涉企收费作为非税收费，在项目类别和涵盖内容上与税收的本质区别界定并不清晰（李颖，2016）。这既是为适应经济发展需要和满足财政需求而作出的权宜之计，也是涉企收费历次调整后的产物。各个地区"制费"口径的差异化会对缴费企业理解收费项目产生困扰，也不利于政府统筹管理涉企收费。

二、涉企收费"征费"环节的行政发包特征

涉企收费行政发包导致了被征收主体的多元化以及由此产生的征收途径多样化。现阶段我国主要有两种途径：一是提供服务的部门直接收取，典型代表是经营服务性收费，对公跨行柜台转账汇款手续费、支票工本费、支票手续费等由各个银行营业网点的柜台直接征收，机构查询个人、企业信用报告费用由人民银行各省分中心和各地支行直接收取，机动车排气检测收费、机动车安全技术检验收费由各地车管所提供相应服务时执收。二是由其他部门代为征收，典型代表是涉企收费中政府性基金收入、行政事业性收费收入，在国税局和地税局合并前，基于征收便利性和集中管理的考量，采取的是地方税务机关代为征收的模式，根据《深化党和国家机构改革方案》，2018年6月省级和省级以下国税和地税机构合并后，关于上述涉企收费项目的措辞由"地税局代收"转为"税务部门统一征收"，也就是说以法规条文的形式正式将征收涉企收费确立为税务部门基本职责。

三、涉企收费"裁费"环节的行政发包特征

涉企收费的裁费主要是对收费项目设立合理性和征收规范性的专业审理

和裁定。涉企收费的"裁费"领域的行政发包体现在受理方式分散化，既包括收费系统内部自查、同级互查和自上而下检查，也包括缴费企业申诉与举报等社会监督，各种裁费方式之间缺乏有效配合。

现阶段我国涉企收费裁费环节做得较为完善的是部门自查和上级检查，2016 年国家发展改革委联合财政部等部门印发了《涉企收费清理情况的专项检查方案》，2018 年 1 月民政部对行业商业协会展开专项检查，国家市场监管总局于 2018 年 5 月 28 日印发了《关于开展全国涉企收费专项检查通知》，并在各地开展涉企收费的专项检查。回顾历次涉企收费的专项检查，通过重点抽查、交叉检查、下查一级相结合的方式，查处并整改违规收费项目，极大地规范了涉企收费市场，但每次专项检查中反复出现的问题也折射出此前检查存在的疏漏之处。同级查同级中出现了弱势部门查强势部门难以进行的问题，各级各地的价格主管、物价部门与环保、交通、国土等部门归于同级政府的统一领导，并且在地方政府职能部门排序中"优于"物价部门，也在一定程度上导致了以往涉企专项检查效果欠佳。

在社会监督方面，为了方便缴费企业对违规收费的申诉与举报，中央政府基于"互联网＋政务"理念为企业和个人提供了多个信息反馈途径：中国政府网的涉企收费投诉留言、"信用中国"网站、12358 价格监管平台的网上价格举报系统以及专用邮箱举报投诉。鼓励社会各界积极提供收费违法线索，按照"一公开、双随机"的要求做到举报必查，并及时公示检查结果，重点曝光性质恶劣、情节严重的典型案件。此外各地物价局基于便民服务的理念，开通物价局价格举报电话 12358。虽然网站、邮箱和电话等远程反馈方式实现了足不出户就可在线完成，但是中心化的网站和电话承载能力有限，"以点对面"的处理模式很难做到及时反映；并且提供的受理渠道过于分散化和多样化，反而容易导致缴费企业在申诉时不知如何选择。

第三章

中国政策语境下涉企收费减负机制的实证研究

  2015 年底我国正式实施涉企收费清单制，2017 年以来国家发改委联合相关部门陆续发布了《关于清理规范涉企经营服务性收费的通知》《国家发展改革委所属行业协会收费公示表》《政府定价的经营服务性收费目录清单》，对相关收费的项目名称、定价部门等内容作出了规定。各地政府和物价局等职能部门也积极调整修订地方涉企收费项目，推出地方版收费清单。为消除经济发展的地区壁垒、改善营商环境，《国务院政府工作报告》中多次提及构建新型政商关系。习近平总书记在 2016 年 3 月全国政协十二届四次会议民建、工商联委员联组会上，用"亲""清"两字阐明政商关系。本章内容将通过实证数据，探讨减税降费、清单制、政商关系、营商环境、机构调研等热门政策词汇之间的作用关系。

第一节　地方政商关系与涉企收费减负效应

  "十三五"时期我国减税降费规模呈现出逐年加强的趋势，"十四五"规划中提出持续推进减税降费。具体到市场主体层面，中央政府接连的降费政策是否惠及各类企业，在落地实施过程中是否存在地区性差异？2015 年正式实施的清单制是涉企收费领域的大事件，信息公开是政府机关加强政策解读、数据开放、平台建设，保障人民知情权、监督权、表达权和参与权，增强政府执行力和治理能力的制度安排。那么涉企收费清单制是否对降费效果产生了实质性助益？

本节内容提要为基于中国特色制度背景与社会文化，以 A 股上市公司样本实证检验了地方政商关系对减负政策效应的影响以及清单制的实践价值。研究发现，"亲清型"地方政商关系有助于更大程度地降低涉企收费，而清单制淡化了政商关系与企业减负之间的正相关关系，即清单制有助于弥合地区性差异、实现全国统一的降费效果。进一步研究结果表明，"亲清型"政商关系对降低"地方定"涉企收费的促进作用、清单制对两者关系的削弱作用皆更为显著。这为构建新型政商关系、推行政府治理信息公开机制提供了借鉴和参考。

本节的贡献主要体现在以下两个方面：首先是量化指标更为科学与全面，关于减负政策效应，有别于已有文献通过单一费用类别替代涉企收费整体负担的简化方法，本书基于手工整理上市公司财务报表附注信息，得出全口径意义的实际涉企收费负担率。关于政商关系的量化，已有研究往往通过政治关联的虚拟变量予以衡量，本书采纳中国人民大学国家发展与战略研究院《中国城市政商关系排行榜》的数据，基于"亲""清"两个维度的三级评价指标综合考量各地政商关系。在此基础上实证验证了地方政商关系对减负政策执行效果的积极影响，对构建"亲清型"政商关系提供了数据支持。其次是研究结论更具实践价值，行政发包特征见诸国内政务的诸多领域，这在一定程度上会造成多头管控的复杂局面，如何确保各地高效率和无差别地执行中央政策一直是政府治理的核心议题。本书验证了清单制具备收费信息外部监督和工作业绩量化考评的优势，能够削弱各个省份政商关系差异导致的企业降费效果差距，推而广之类似于清单制的信息公开机制对于行政发包特征的其他政务领域同样具备借鉴与应用价值。

一、文献评述

资本与权力是影响社会发展轨迹的重要力量，两者所展现的政商关系既是政界、商界关注的热点，也是学术界研究的核心议题。由于政商关系深植于国家治理结构和市场体制，因而相关研究体现出一定的地域特征与国别差异，关于政商关系对企业经营管理的影响主要分为西方研究情境和中国研究情境两种类型。

西方研究根植于重商主义核心思想，1776 年经济学家亚当·斯密在《国富论》中提出的自由市场理论以及 1936 年凯恩斯在《就业、利息和货币通论》中提出的"有形之手"理论，为研究政商关系提供了思想支撑。西方学者相关文献中虽然存在"商政关系"或"政商关系"等类似的名词，但学术中更为常用的概念表述是"企业政治策略与行为"（corpo-rate political strategy and action/activities，CPA）。超过 67.80% 的英文文献聚焦于"政治关联与企业绩效或经营行为的关联关系"这一类选题，关注政商关系的人格化特征，例如官员与企业主的私人关系。按照资本与权力的博弈结果将政商关系的作用分为"扶持之手"与"掠夺之手"，其中，政府对企业经营的正向帮助一般被称为"扶持之手"。阿蒂夫·迈恩（Atif Mian，2005）认为，企业家与政府官员建立良好的关系，能够为企业带来低税率、银行贷款优惠、政府援助和更多的产权保护等收益。彼德·埃文斯（Peter Evens，1995）通过研究韩国工业转型历程提出了"嵌入型自主"理论，企业在与官员密切联系的同时保持政策制定和行动能力的自主性，可以显著提高企业经济收益和改善社会经济效率。基姆（Kim，2017）实证研究了韩国"二战"后产业政策与政商关系，发现深度合作而又适度距离的政商关系对经济政策实施、产业崛起发挥了重要作用。政府对企业经营过程负向影响被称为"掠夺之手"。安德鲁·施莱弗（Andrei Shleifer，1993）基于数学模型计算发现，当资源配置中私人所有权比国家所有权效率更高时，地方政府会允许私人所有权在产业中占有更高比例，并通过要求私人所有权企业增加招聘劳动岗位、提高税收实现自身政治目的。克拉玛兹·伯特兰德（Kramarz Bertrand，2005）结合 1987～2002 年法国地方选举和企业数据来研究企业管理层与政府官员政治关联，发现有关联的企业虽然会因为良好的政府关系获得诸多利益，但为配合官员连任竞选，需要刻意扩大企业招工规模，造成了短期超额成本。有学者通过对比研究埃塞俄比亚的工程工业、金属与花卉业，发现良好的政商关系简化了花卉业的企业审批流程，降低了经营负担，使其成功发展，相反欠佳的政商关系则阻碍了工程工业与金属的发展（Gebreeyesus，2017）。

改革开放后市场经济迅速发展，政府对于简政放权与构建新型政商关系的理论需求日益迫切。国内学者开始将管理学研究同我国政治实践相结合，以中国特色制度背景研究政商关系。相关文献聚焦于"政治环境与企业经营行为""政治环境与政治绩效"两大选题，衍生出"政商关系概念""政商关系发展""政商关系现状及问题成因""新型政商关系的构建对策"四类研究。关于"政商关系现状及问题成因"，学者普遍认为，我国政商关系整体而言是和谐良性的。体现在随着社会主义市场经济的不断完善，"商"阶层对经济的影响显著增长，"商"与"政"协作为经济快速发展提供了强大动力。周俊等（2020）、杨兰品（2020）实证分析了国内新型政商关系对企业创新活动的影响，研究结果表明，良好的政商关系能提升企业创新产出，并且对民营企业的促进作用更显著。而部分学者指出了我国政商关系的非健康因素，卜运安和韩影（2016）从宏观角度研究，发现政府主导的市场化改革使得政商关系依然存在"市场的作用力弱于政府的主导力"的强干预特征。党的十八大高压反腐后，部分地方官员出现一定程度的政务懈怠现象，降低了对企业的关注程度。部分国内文献从微观角度研究管理层与地方政府建立联系对企业经营的影响，黄少卿（2018）从政府官员的角度分析，认为部分地方政府官员存在"仗权欺商""以权谋私""消极待商"等问题，这在无形中提升了企业经营成本，管理层为维护旧政商关系而支付的腐败性成本会降低企业业绩。韩阳和宋雅晴（2015）从企业家角度分析，指出当前一些民营企业家存在"争夺政策红利""商裹挟政"问题,以图"酌量性定向"降低部分企业税负。

基于前面分析,不难发现国内外现有文献主要有两个方面不足:一是减税降费与优化政商关系是中央政府为改善营商环境而重点推进的两大事项,国内文献关于中国情境下两者的实践现状以及相互作用关系鲜有涉及;二是已有的实证研究中将政商关系与政治关联画等号,分析政治关联与企业行为及绩效相关性的做法有待商榷。

二、制度背景与研究假设

(一) 制度背景

1. 涉企收费的行政发包管理体制。围绕着涉企收费的征收与管理,我国逐渐形成了兼具"职能行政发包"与"属地行政发包"的运行体制。其中职能行政发包是指按照费用异质性在同级政府内部将各类涉企收费项目的制定和管理权限进行二次分配,将费用的征管权分门别类交给不同的职能部门;属地行政发包是中央政府作为委托方通过正式规定或非正式协商,设立涉企收费政策目标,将费用制定权与降费目标绑定后逐级"发包"给各地政府,由省、市级政府因地制宜制定与征收辖区内涉企收费,因此,我国涉企收费可简单分为中央制定、地方(省和市)制定项目。中央政府通过组织物价部门定期检查评估和行使检查验收权,确保地方涉企收费项目的适当性。

聚焦于涉企收费内部差异,政府性基金、行政事业性收费、经营服务性收费基于属地行政发包特征可分为中央制定与地方制定的费用项目,基于职能行政发包特征又可分为交通、国土资源、工商、食品药品监督、民航、银保监会、证监会等各类职能部门征管的费用项目。行业商业协会涉企收费包括脱钩和未脱钩两类,其中,已脱钩部分项目的收费是由各个协会根据有偿服务原则自主设立和收取,已基本实现市场化,涉及的管理主体就更加多元化；而未脱钩部分依然由各相关主管部门监管和指导，具备职能行政发包特征，如图 3 - 1 所示。回归到涉企收费外部视角，政府性基金大多由中央政府相关职能部门设立，很少受到地方因素影响，整体而言属于"中央定"涉企收费。而经营服务性收费中大部分项目是由各级政府或区域内市场主体根据地区发展情况、行业特性和服务内容设立，行政事业性收费中省级制定项目诸多省份已宣布实现清零，但中央政府制定的行政事业性收费在实施标准与征管过程中一般委托地方政府或区域性社会组织负责，因此，将这两类费用项目划分为"地方定"涉企收费。

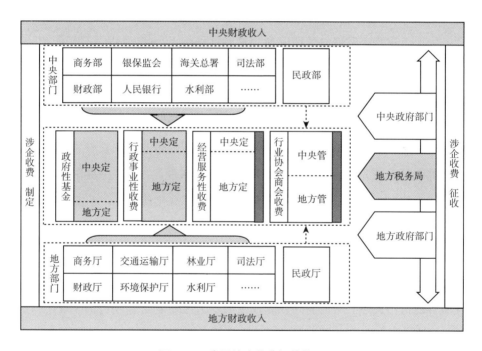

图 3 - 1　我国涉企收费征管体制

资料来源：笔者对各地政策实践总结得到。

2018 年 3 月 21 日，中共中央印发的《深化党和国家机构改革方案》将行政事业性收费收入、政府性基金收入、罚没收入、特许经营收入、有偿使用国有资源收入等非税收入交由合并后的地方税务机构统一征管，这在一定程度上弱化了涉企收费征收环节的行政发包特征；但企业相关收费项目的制定、调整和监督依然存在权力过于分散的问题，这增加了中央政府统筹管理的难度，也致使涉企收费负担的地区性差异。

2. 中国特色的地方政商关系。政商关系是社会经济发展过程中绕不开的重要因素。我国市场经济过渡时期形成的传统政商关系是基于社会网络、官商个体利益形成的非正式"人格化"关系。其具有多面性、复杂性和隐蔽性特征，由此衍生出的地理集聚效应使城市政商关系往往会打上了所在省份"大环境"的烙印。另外，城市内部"小环境"又会导致省份内部不同城市的政商关系同样具有较大差别。因此，政商关系往往存在显著的地区性差异。

为了消除经济发展的地区壁垒、改善营商环境，《国务院政府工作报告》中多次提及构建新型政商关系。2016 年 3 月习近平总书记在全国政协十二届四次会议民建、工商联委员联组会上，用"亲""清"两字阐明政商关系。其中，"亲"体现了政府对企业的态度，要重视企业在经济发展中的主体作用，以及对就业税收的积极贡献。政府要真诚地为企业解决税费负担、信贷压力等实际困难，不能为避嫌绕开问题，推诿卸责。"清"是界限清晰，公是公、私是私，分清个人关系和为企业服务，不搞权钱交易，不丧失原则。

"亲清"新型政商关系适应于市场经济，是基于平等、协作和互补建立的政府与企业之间法治化、制度化关系，主要包括以下四个特征：一是基于服务理念的共赢关系。企业与政府、市场从业者与政府官员是彼此协作、相互服务的伙伴关系。政府将帮扶企业发展作为应尽职责，积极为企业生产经营营造良好的制度环境，尽可能地为企业发展铺平道路。企业应积极配合政府产业规划、宏观调控以及其他财政政策，助力社会经济发展。二是基于发展目标的工作关系。企业与政府为了推进健康发展这一共同目标而形成了既复杂又单纯的工作关系，复杂是指在微观诉求层面政企存在的差异会降低供给与需求的契合度，双方需要为此相互调适。单纯是指政企整体目标是一致的，在基础上形成的发展行为存在交集。三是基于规则基础的行为关系。企业与政府、市场从业者与政府官员的关系须在我国法律框架下，各自遵循行为规则、不触及法律底线。企业生产经营活动必须符合公平竞争原则和法律法规，政府应完善部门权责清单制度，全面提高治理能力与管理效能。四是基于公平原则的平等关系。市场经济基本原则是公平竞争，政府部门在制定政策和提供服务时要避免歧视偏袒。企业经营中应遵循平等原则，公有制与非公有制经济在市场地位和政策适用性层面是平等的。因此，"亲清"新型政商关系鲜明的四类"非人格化"特征，要求政府既要有服务企业的意愿，更要具备足够的行政治理能力。

（二）研究假设

1. 地方政商关系与企业减负政策效应。行政发包的涉企收费征管体制决定了降费工作的顺利推进离不开中央政策压力的有效传导，20 世纪 90 年代以来我国逐步形成了压力型政治运行体制，中央政府在推行某些重要任务时，往往会将其定义成"政治任务"，通过政治或经济上的激励与惩罚措施（杨雪冬，2012），推动下一级政府以及相关职能部门切实执行。2017 年 5 月 17 日李克强总理在国务院常务会议上要求对降低企业经营服务性收费和减少物流用能成本的工作效果及时公开，各地政府年内必须更新并公示涉企收费清单，并强调会对政策落实情况进行巡察与监督。此后发现各地政府第一时间作了涉企收费工作部署，这在一定程度上验证了中央降费政策压力能够有效传递到地方政府层面。

那么地方政府在表明政策立场后，是否会切实落实执行？已有研究结果表明，省级政府在执行政策过程中会继续向下级施加任务压力，竭尽全力以确保完成工作任务（王汉生和王一鸽，2009；周雪光，2012）。但部分学者认为，基层官员可能会采取敷衍或弱化策略应对上级任务压力（O'Brien and Li，1999；Li et al.，2012）。具体到涉企收费领域，面对减费政策压力时地方政府存在竭尽全力完成和敷衍两种选择，企业利益与政府权力的"双向寻租"以及所表现出的政商关系是行为选择的重要依据，即政商关系影响了地方政策的执行效果，拉詹和津盖尔斯（Rajan and Zingales，2010）也指出，发展中国家的制度环境更多是基于关系（relationship-based）。"亲清型"政商关系中的政府具备以发展为目标、服务共赢的非人格化特征，能更多地从改善企业经营环境考虑，切实执行中央政策方针，发挥"帮助之手"而非"攫取之手"（Frye and Shleifer，1997）。另外，我国涉企收费存在行政发包管理特征，如何在短时间内统筹各个部门的工作，实现有序和有效地削减涉企收费负担将十分考验政府的工作能力。"亲清型"政商关系中的地方政府不但有积极的服务意愿，更加具备足够的企业服务能力，能够在更短时间内实现涉企收费的实质性降低。基于上述分析，提出假设 H1。

H1：在减税降费的中央政策基调下，"亲清型"地方政商关系能够带来更为显著的减负政策效应。

2. 涉企收费清单制的调节效应。国内政府工作人员尤其是高层官员存在晋升竞争关系。我国建立的涉企收费清单强制公开制度，直观展示了各地涉企收费情况和降费工作业绩，对于竞争中的地方官员产生正向激励。非"亲清型"政商关系的高层官员虽然在工作意愿或业务能力方面稍显薄弱，但出于优化政绩考量，也会将相关工作置于更高的优先级，通过短时间内大比例倾斜资源与人力，力图高质量完成降费任务。

部分学者认为，推动我国基层官员日常工作并不是"锦标赛"竞争，而是源于惩罚性机制。清单制对于地方政府的各级官员能够产生正向和负向两种激励类型，中央对各地涉企收费清单披露的工作要求，并没有因为地区差异作出差别化规定。带有统一截止日期的强制要求会对各地基层政府人员产生较强的任务压力，并且清单制能够实时考核基层官员的政绩。非"亲清型"政商关系的基层官员为了免受工作不力的责罚，愿意投入更多的时间贯彻降费政策。综上所述，清单制的两种激励模式均会在一定程度缓解非"亲清型"政商关系对于涉企收费裁减效果的消极影响。据此，提出假设 H2。

H2：收费清单制淡化政商关系对减负政策效应的作用，弥合了企业负担的地区性差异。

三、研究设计

（一）数据来源与样本处理

全国范围内涉企收费清单的正式实施年份为 2015 年，为了比较该制度对地方政商关系与减负政策效应的影响，相关数据选取了清单制建立前两个年度（2013～2014 年）的平均值和该制度建立后两个年度（2016～2017 年）的平均值数据。除地方政商关系指标外，其余变量均取自 CSMAR 和 Wind 数据库，并剔除以下四类样本：（1）实际涉企收费率的分子或分母为负的公司。（2）销售费用、管理费用与财务费用附注信息缺失的公司。（3）ST 以及 *ST 公司。（4）金融类上市公司。在此基础上对所有连续变量进行 1% 分位数的 Winsorize 缩尾处理以避免极值带来的数据干扰。最终 2013～2014 年与 2016～2017 年两个研究时段均选取 1 757 家公司，总计得到 3 514 个研究样本。

（二）主要变量说明

1. 地方政商关系。国外机构对政商关系的量化做了很多有益的探索，例如，世界银行的《营商环境报告》、经济合作与发展组织（OECD）与英国《经济学人》发布的营商环境国别排行榜。国内研究团队和行业机构近年来开始涉及地方层面的政商关系评价，中国人民大学国家发展与战略研究院每年会发布《中国城市政商关系排行榜》，基于"亲""清"两个维度，构建囊括了政府规模、政府公共服务、政务公开和居民经济福利在内的新型政商关系三级评价指标体系。其计算过程严谨性和计算结果科学性在学术界得到广泛认可，本书基于该数据基础，通过取标准值得到地方政商关系的量化值。

2. 减负政策效应。国内会计核算口径中并没有单独"涉企收费"项目，已有研究对于企业收费负担的量化大多数采取的是选取主要费用项目金额，例如吴珊和李青（2017）在探究国内宏观税负水平时以行政事业性收费替代涉企收费整体负担水平，但我国涉企收费中各个项目均存在纳入指标的数量意义，例如政府性基金的收缴总金额最多，经营服务性收费的收费项目数量最多，这种简单的替代方式缺乏足够的代表性。本书对减负政策效应的衡量方法是批量导出财务报表，手工筛选"管理费用""销售费用""财务费用"相关的二级科目和附注信息，以此来汇总涉企收费的项目金额。为了消除企业规模带来的收费负担差异，企业减负政策效应最终计算方法公式为（三费中涉企收费金额）/营业收入。

（三）模型设计

为了研究地方政商关系与企业减负政策效应，检验假设 H1，构建了以下回归模型，即：

$$EFR = \alpha_0 + \alpha_1 BR + \alpha_2 YEAR + \alpha_3 LEV + \alpha_4 SIZE + \alpha_5 DUAL + \alpha_6 NE$$
$$+ \alpha_7 IGR + \alpha_8 IND + \varepsilon_1 \qquad (3-1)$$

为了研究涉企收费清单制对政商关系与减负政策效应的调节作用，检验假设 H2，借鉴了双重差分 DID 模型，构建了以下回归模型，即：

$$EFR = \beta_0 + \beta_1 YEAR + \beta_2 BR + \beta_3 YEAR \times GE + \beta_4 LEV + \beta_5 SIZE$$
$$+ \beta_6 DUAL + \beta_7 NE + \beta_8 IGR + \beta_9 IND + \varepsilon_2 \qquad (3-2)$$

其中，EFR 为上市公司的实际涉企收费率，衡量企业减负政策效应；BR 表示地方政商关系，将 2013 年、2014 年、2016 年、2017 年的《中国城市政商关系排行榜》中各个省份的政商关系得分进行标准化处理，发现数值明显分为三级，将显著大于 0 的有 10 个省份，作为"亲清型"政商关系组，在 BR_1 中赋值为 1；显著小于 0 的 10 个省份，作为非"亲清型"政商关系组，BR_2 赋值为 1；标准化值接近于 0 的 11 个省份反映了国内政商关系的平均水平，将其设置为对照组，BR_1 和 BR_2 皆取值为 0，即表示对照组样本，将 BR_1 和 BR_2 分别代入模型（3-1）、模型（3-2）回归。YEAR 表征年度变量，

2015 年全国范围内建立了收费清单制，YEAR = 1 和 YEAR = 0 分别表示 2016 ~ 2017 年与 2013 ~ 2014 年的数据。控制变量包括公司规模（SIZE）、资产负债率（LEV）、董事长与总经理兼任情况（DUAL）、营业收入增长率（IGR）、股权性质（NE）、行业（IND）。

四、实证结果分析

（一）描述性统计

实际涉企收费率 EFR 的最小值为 0.0001，最大值为 4.1598，均值为 0.0327，表明上市公司单位营业收入实缴的涉企收费存在显著差异，即减负政策效应的企业异质性；"地方定"涉企收费负担 EFR_f 最小值为 0.00007，最大值为 4.0275，并且 EFR_f 的数据离散程度大于 EFR，表明行政事业性收费和经营服务性收费的个体差异更显著，"中央定"涉企收费负担 EFR_g 最小值为 0.000002，最大值为 0.1206，均值为 0.0015，标准差小于 EFR 和 EFR_f，说明上市公司间的政府性基金负担较为接近，差距不显著。这体现出地方政府对其负责征管的行政事业性收费与经营服务性收费的自主决策权空间较大，但对中央主导的政府性基金类难以施加差异化作用（见表 3 - 1）。

表 3 - 1　　　　　　　　　主要变量的描述性统计

变量	N	最小值	最大值	平均数	标准偏差
EFR	3 514	0.0001	4.1598	0.0327	0.1543
EFR_f	3 514	0.0000	4.0275	0.0313	0.1671
EFR_g	3 514	0.0000	0.1206	0.0015	0.0034
BR_1	3 514	0.0000	1.0000	0.5648	0.4827
BR_2	3 514	0.0000	1.0000	0.1445	0.3052
LEV	3 514	0.0152	0.9993	0.4672	0.1623
SIZE	3 514	17.3076	27.5012	21.3165	1.1425
DUAL	3 514	0.0000	1.0000	0.2241	0.4106
ROA	3 514	− 0.3012	0.4235	0.0217	0.0814

变量	N	最小值	最大值	平均数	标准偏差
GFA	3 514	− 0.7625	18.2461	0.5782	2.0351
NE	3 514	0.0000	1.0000	0.4513	0.4728
IGR	3 514	− 1.6105	27.4431	6.7342	3.1043

资料来源：Stata 的分析结果。

（二）回归分析结果

1. 地方政商关系与减负政策效应。模型（3 − 1）检验了地方政商关系对减负政策效应的作用，回归结果如表 3 − 2 所示。"亲清型"政商关系的 10 个省份 BR_1 取值为 1，BR_1 的估计系数为 − 0.025 且在 1% 的水平上显著为负，表明"亲清型"政商关系省份中良好的地方政商关系能带来更低的涉企收费负担率；非"亲清型"政商关系的 10 个省份 BR_2 取值为 1，BR_2 的估计系数为 0.028 且在 1% 的水平上显著为正，表明非"亲清型"政商关系省份中政商关系越差，企业实际收费率负担率越高。综合来看，地方政商关系与涉企收费率负担呈现负相关关系，即"亲清型"的地方政商关系能够带来更显著的减负政策效应，验证假设 H1。各变量方差膨胀因子 VIF 均小于 10，因而不存在多重共线性。

表 3 − 2　　　　　　　　地方政商关系与减负政策效应

项目	模型（3 − 1）（1）			模型（3 − 1）（2）		
	系数	T 值	VIF	系数	T 值	VIF
（常数）	0.621 ***	7.719	—	0.595 ***	7.383	—
BR_1	− 0.025 **	− 3.002	1.110	—	—	—
BR_2	—	—	—	0.028 **	2.461	1.075
LEV	0.093 ***	4.102	1.474	0.095 ***	4.210	1.469
SIZE	− 0.029 ***	− 7.681	1.543	− 0.029 ***	− 7.592	1.547
DUAL	0.045 ***	4.697	1.116	0.046 ***	4.717	1.118
ROA	0.255 ***	5.711	1.153	0.257 ***	5.726	1.156
GFA	0.011 ***	8.504	1.061	0.011 ***	8.538	1.061
NE	0.025 **	2.774	1.423	0.028 **	3.115	1.388
IGR	0.005 ***	9.655	1.071	0.005 ***	9.557	1.076

续表

项目	模型（3-1）（1）			模型（3-1）（2）		
	系数	T值	VIF	系数	T值	VIF
行业	已控制			已控制		
年份	已控制			已控制		
N	3 514			3 514		
R^2	0.194			0.192		

注：* 表示 $p < 0.05$，** 表示 $p < 0.01$，*** 表示 $p < 0.001$。

资料来源：Stata 的回归结果。

2. 清单制对地方政商关系与减负政策效应关系的调节作用。模型（3-2）检验了清单制的调节作用，回归结果如表 3-3 所示。BR_1 的系数显著为负，而 $BR_1 \times YEAR$ 的系数为 0.026 且在 1% 水平显著为正，表明清单制的实施在一定程度上削弱了"亲清型"地方政商关系对涉企收费负担率的作用，BR_2 的系数显著为正，而 $BR_2 \times YEAR$ 估计系数为 -0.053 且 1% 水平显著为负，表明清单制改善了非"亲清型"政商关系导致的涉企收费清理工作滞后。综上所述，涉企收费清单制的实施，淡化了地方政商关系与企业减负效果之间的正相关关系，支持了假设 H2。各变量方差膨胀因子 VIF 均小于 10，不存在多重共线性。

表 3-3　　　　收费清单制、地方政商关系与减负政策效应

项目	模型（3-2）（1）			模型（3-2）（2）		
	系数	T值	VIF	系数	T值	VIF
（常数）	0.645 ***	7.849	—	0.567 ***	7.409	—
BR_1	-0.031 ***	-3.684	2.108	—	—	—
BR_2	—	—	—	0.041 ***	3.287	2.056
$BR_1 \times YEAR$	0.026 **	2.584	3.312	—	—	—
$BR_2 \times YEAR$	—	—	—	-0.053 **	-2.655	2.166
YEAR	-0.032 **	-2.712	2.351	-0.005	-.648	1.209
LEV	0.089 ***	4.083	1.474	0.092 ***	4.215	1.469
SIZE	-0.029 ***	-7.702	1.543	-0.029 ***	-7.654	1.548
DUAL	0.045 ***	4.661	1.116	0.045 ***	4.684	1.118
ROA	0.251 ***	5.624	1.155	0.252 ***	5.629	1.158
GFA	0.010 ***	8.461	1.062	0.010 ***	8.301	1.070
NE	0.025 **	2.763	1.423	0.028 **	3.115	1.388

项目	模型（3-2）（1）			模型（3-2）（2）		
	系数	T 值	VIF	系数	T 值	VIF
IGR	0.005 ***	9.663	1.071	0.005 ***	9.606	1.076
行业	已控制			已控制		
N	3 514			3 514		
R^2	0.191			0.187		

注：＊表示 $p<0.05$，＊＊表示 $p<0.01$，＊＊＊表示 $p<0.001$。

资料来源：Stata 的回归结果。

（三）进一步研究与稳健性检验

各省份的涉企收费分类标准存在地区性差异，但已披露的各类清单中一般均包含"政府性基金""行政事业性收费""经营服务性收费"三个项目。为对比分析地方政商关系对各类涉企收费影响的异质性，将实际涉企收费率 EFR 分为"中央定"涉企收费（政府性基金）负担率 EFR_g 和"地方定"涉企收费（行政事业性收费与经营服务性收费）负担率 EFR_f，并分别代入多元方程回归分析。

表 3-4 列示了运用模型（3-1）分别检验政商关系对"中央定"涉企收费负担率 EFR_g 和"地方定"涉企收费负担率 EFR_f 的作用。被解释变量为 EFR_f 时，BR_1 的估计系数为 -0.026 且在 5% 的水平上显著为负（地方政商关系最高的 10 个省份 BR_1 取值为 1），说明政商关系越好省份的企业行政事业性收费与经营服务性收费的负担率越低；BR_2 的估计系数为 0.029 且在 5% 的水平上显著为正（地方政商关系最低的 10 个省份 BR_2 取值为 1），说明地方政商关系越差省份的行政事业性收费与经营服务性收费负担率越高。并且解释变量系数绝对值均大于被解释变量为 EFR 时的回归系数，因此，"亲清型"地方政商关系对"地方定"涉企收费减负效应的影响更为显著。被解释变量 EFR_g 时，BR_1、BR_2 的估计系数不显著，表明地方政商关系与政府性基金减负效应之间不存在相关关系，这进一步验证了行政发包管理体制衍生的决策权分散是政策落实地区性差异的重要因素。

表 3 - 4

地方政商关系与减负政策效应

	EFR$_f$						EFR$_g$					
项目	模型 (3-1) (1)		模型 (3-1) (2)				模型 (3-1) (1)		模型 (3-1) (2)		
	系数	T值	VIF	系数	T值	VIF	系数	T值	VIF	系数	T值	VIF
（常数）	0.627***	7.838	—	0.600***	7.489	—	0.005**	2.744	—	0.004**	2.555	—
BR$_1$	-0.026**	-3.052	1.110	—	—	—	0.000	-1.294	1.110	—	—	—
BR$_2$	—	—	—	0.029**	2.735	1.075	—	—	—	0.000	1.544	1.075
LEV	0.093***	4.282	1.474	0.095***	4.387	1.469	-0.001	-1.613	1.474	-0.001	-1.588	1.469
SIZE	-0.030***	-7.822	1.543	-0.029***	-7.724	1.547	0.000	-1.856	1.543	0.000	-1.789	1.547
DUAL	0.044***	4.602	1.116	0.045***	4.630	1.118	0.000*	2.243	1.116	0.000*	2.281	1.118
ROA	0.252***	5.681	1.153	0.254***	5.706	1.156	0.004***	4.513	1.153	0.004***	4.557	1.156
GFA	0.010***	8.349	1.061	0.010***	8.381	1.061	0.000***	8.661	1.061	0.000***	8.665	1.061
NE	0.026**	2.838	1.423	0.029**	3.170	1.388	0.001**	3.002	1.423	0.001**	3.119	1.388
IGR	0.005***	9.553	1.071	0.005***	9.446	1.076	0.0007***	6.491	1.071	0.0007***	6.403	1.076
行业	已控制			已控制			已控制			已控制		
年份	已控制			已控制			已控制			已控制		
N	3 514			3 514			3 514			3 514		
R^2	0.195			0.193			0.117			0.116		

注：* 表示 $p<0.05$，** 表示 $p<0.01$，*** 表示 $p<0.001$。
资料来源：Stata 的回归结果。

模型（3-2）检验清单制的调节作用，回归结果如表3-5所示。被解释变量为 EFR_f，BR_1 的系数显著为负，而 $BR_1 \times YEAR$ 系数为 0.038 且在 1% 水平显著为正，表明清单制的实施削弱了地方政商关系对行政事业性收费和经营服务性收费负担的作用；BR_2 的系数显著为正，而 $BR_2 \times YEAR$ 的估计系数为 -0.057 且在 1% 水平显著为负，表明清单制提升了政商关系较差地区行政事业性收费与经营服务性收费的清理工作效益。综上所述，收费清单制的实施，削弱"亲清型"政商关系与"地方定"涉企收费减负效应之间的正相关关系。并且各解释变量系数的绝对值均大于被解释变量为 EFR 时的回归结果，表明地方政商关系与"地方定"涉企收费受清单制的调节作用更为显著。各变量方差膨胀因子 VIF 均小于 10，表明不存在多重共线性。

表3-5　　　　　　　　　　清单制、地方政商关系与减负政策效应

项目	EFR_f					
	模型（3-2）（1）			模型（3-2）（2）		
	系数	T 值	VIF	系数	T 值	VIF
（常数）	0.639 ***	7.978	—	0.602 ***	7.520	—
BR_1	-0.042 ***	-3.812	2.108	—	—	—
BR_2	—	—	—	0.055 ***	3.578	2.056
$BR_1 \times YEAR$	0.038 **	2.718	3.312	—	—	—
$BR_2 \times YEAR$	—	—	—	-0.057 **	-2.918	2.166
YEAR	-0.034 **	-2.885	2.351	-0.005	-.653	1.209
LEV	0.092 ***	4.263	1.474	0.095 ***	4.394	1.469
SIZE	-0.030 ***	-7.845	1.543	-0.030 ***	-7.796	1.548
DUAL	0.044 ***	4.564	1.116	0.044 ***	4.594	1.118
ROA	0.248 ***	5.590	1.155	0.249 ***	5.600	1.158
GFA	0.010 ***	8.305	1.062	0.010 ***	8.123	1.070
NE	0.026 **	2.826	1.423	0.029 **	3.170	1.388
IGR	0.005 ***	9.561	1.071	0.005 ***	9.502	1.076
行业	已控制			已控制		
N	3 514			3 514		
R^2	0.194			0.192		

注：* 表示 $p < 0.05$，** 表示 $p < 0.01$，*** 表示 $p < 0.001$。
资料来源：Stata 的回归结果。

　　稳健性检验如下：第一，将公司的实际涉企收费率 EFR 计算方法替换为"涉企收费金额/总资产规模"。第二，关于政商关系的量化，本书在理论分析部分提出"亲清型"政商关系要具备足够的服务能力。"中国地方政府效率研究"课题组发布的《中国地方政府效率研究报告》，其影响因子涵盖政府规模、政府公共服务、居民经济福利和政务公开四大类别，计算过程严谨和计量模型科学，因而用地方政府效率替代量化企业政商关系。第三，将研究样本的时间跨度由清单制实施前后各两年缩短至前后各一年。稳健性检验后各替代变量系数的正负性不变且主要解释变量均在 5% 水平上显著，与原结果不存在实质性差异。受篇幅限制，模型检验结果未列示。

五、结论与启示

（一）研究结论

　　基于涉企收费行政发包管理体制以及新型政商关系的制度背景，实证检验了收费清单制实施前后各两年地方政商关系对减负政策效应的作用结果，并在此基础上探究清单制对于两者关系的调节机制。主要研究结论如下：第一，地方政商关系对涉企收费的减负政策效应存在显著的正向影响，即"亲清型"政商关系能够保证降费政策得到更为有效的落地执行。这也侧面验证了我国行政发包的涉企收费管理体制导致的费用项目制定权与执收权分散化，各个省份在设立和清理收费项目过程中存在地域差异。第二，清单制表征变量的交互项与地方政商关系变量的正负性显著相反，说明涉企收费清单制的实施，削弱了"亲清型"政商关系与企业减负之间的正相关关系。清单制通过加剧各地中高层官员"竞争"以及基层官员负向惩罚性激励，使非"亲清型"政商关系的地方官员也会竭力完成减税降费任务，进而弥合各个地区的降费效果差异，这佐证了信息公开机制对落实中央降费政策的重要作用。

　　具体来看，"亲清型"地方政商关系对"地方定"涉企收费（行政事业性收费和经营服务性收费）的减负效应存在更为积极的促进作用，与"中央定"涉企收费（政府性基金）减负政策效应并无显著关系，"地方定"涉企收费率作为被解释变量时，清单制的表征变量与地方政商关系的交互项的系数更大和显著性水平更高。说明涉企收费清单制对"亲清型"政商关系与"地方定"涉企收费减负效应之间关系的发挥了更强的削弱作用，这也从实证数据层面验证了行政事业性收费与经营服务性收费突出的行政发包特征。

（二）对策启示

（1）优化政商关系，夯实降费政策的基础性支撑。研究结论已表明，政商关系是导致中央减税降费政策在各地执行效果异质性的重要原因，优化政商关系对于实现全国范围内企业经营负担的普适性降低具有积极意义。针对当前政商关系中存在的权力寻租问题，应该基于法律与道德两个维度调整社会关系，首先要展现立法的引领作用，明晰政商交往的红线与底线。在政商关系相关法规的立、改、废、释过程中，厘清政府的监管责任与事权，维护市场主体平等使用资源要素、公平竞争的权利，保障市场在资源配置中决定性作用。其次政商双方要凝聚共识，构建平等互助的政商文化。引导企业树立守规合法、义利兼顾、公平竞争的经营观念，政府形成尊重市场规律和"做官就是服务"的工作理念，在文化与道德等软制度方面助力形成"亲清型"政商关系。

（2）丰富信息公开机制，倒逼地方政府提升工作绩效。清单制对于中央政府、社会各界监督各地降费政策的执行效果发挥了积极作用，因此，在国家治理的各项实践中应善用信息公开机制，倒逼地方政府提升工作效率。需要指出的是，丰富公开机制不意味着政务的无序和过度披露，需要在立法和实践过程中探索信息公开的边界。

第二节　地方政府效率与涉企收费减负效应

我国经济发展面临供给冲击、需求收缩、预期转弱三重压力，外部环境愈发复杂、严峻与不确定，政府积极制定减税降费以护稳经济大盘，但政策实施效果存在个体偏差。我国某大型企业董事长在接受财经媒体采访时直言公司承担的涉企收费项目过重，每年缴费 200 多项，相关金额超 4 000 万元，企业收费负担问题引发了社会关注。作为减税降费的重要组成部分，涉企收费由于制定主体多元化，导致减负工作公开度不够，管理行政发包体制（周黎安，2014）使各地在执行降费政策时体现出地区性差异，例如浙江、安徽、广东等省份率先实现省级行政事业性收费清零，而部分省份的省级涉企收费项目则依然数量较多。理论学界，关于减税降费的研究大多数集中于税收领域，且主要研究减税产生的经济效益，例如，企业税负增加会导致国内生产总值（GDP）出现一定程度的降低（Guajardo，2010），所得税税率下降将会提高劳均增加值增速（李明和李德刚，2018），减税政策有利于促进形成高质量就业（王智和邓秋云，2018）。减税降费中涉企收费的理论研究较少，且主要是归纳分析和政策评述，例如，从平等协商机制、透明收费机制、政策落实机制、合理竞争机制等方面构建长效管控机制（杨宜勇，2016），建立适用全国的涉企收费分类体系和行政复议机制（蒋文超，2018）。因此，在减税降费的关键时期有必要研究降费政策实施的影响因素，并从实证角度为政策制定提供经验数据。

本节内容提要为以 A 股上市公司作为样本，研究地方政府效率对企业减负效应的影响，并运用 DID 模型探究清单制的实施对两者关系调节作用。实证结果表明，较高的政府效率可以带来更大程度的降费；清单制调节了两者之间的正相关关系。进一步研究发现，地方政府效率对费用类涉企收费减负的促进作用更为显著，并且清单制对两者关系的削弱作用也更强。在稳健性检验中对 TDI 值进行拓展，构建清单披露指数，研究结果为验证政府信息公开的效用提供经验证据。

本节的贡献之处在于，首先，尝试在我国制度背景下研究涉企收费征管体制，周黎安（2014）提出的行政发包理论以及李和周（Li and Zhou，2005）提出的"政治锦标赛"体制对于解释我国政府运作机制提供很好的研究视角，本书基于该理论推测我国涉企收费管理体制同样存在多头管理和政绩竞争的现象，并在此基础上提出研究假设，拓展了政府运行机制相关理论的研究范围；其次，为提升地方政府工作效率提供新思路，在研究地方政府效率与涉企减费效应之间关系的基础上，进一步验证清单制的调节效应，发现其能够削弱地区之间减费工作效果的差异，因此，本书提出创新政务信息公开机制是提升地方政府专项工作绩效的重要方法；最后，以往杨宜勇（2016）、周和平（2017）等关于涉企收费的研究主要是政策解读和理论分析等规范研究范式，上市企业的涉企收费金额难以获取是重要原因，本书通过手工整理筛选上市公司年报中税金及附加、管理费用、销售费用的附注信息，汇总 A 股上市公司涉企收费金额，并实证研究其与影响因素之间的回归关系，为相关文献提供数据支持。

一、制度背景

（一）"行政发包"的涉企收费管理体制

我国涉企收费的管理体制表现出"属地行政发包"（周黎安，2014）和"职能行政发包"两种特征。首先"属地行政发包"是作为委托方的中央政府通过正式或非正式协商，设立具体涉企收费政策目标，将这些政策目标连同收费制定权一起"发包"给省、市级中间政府，各地政府因地制宜制定辖区内涉企收费项目，因此，我国涉企收费包括中央定、省定和市定项目。中央政府通过行使检查验收权，组织物价部门定期检查、评估，确保地方政府涉企收费项目的合理性。"职能行政发包"是在同级政府内部按照收费内容的差异将各类涉企收费项目的制定和管理权进行二次分配，交给不同的职能部门负责。

具体而言，涉企收费中政府性基金、行政事业性收费、经营服务性收费按照"属地行政发包"特征可以分为中央定和地方定收费项目，按照"职能行政发包"特征又可以分为国土资源、住房和城乡建设、交通、工商、质检、民航、食品药品监督、证监会等不同职能部门主管的收费项目。涉企收费中行业商业协会收费分为脱钩和未脱钩两类，其中，未脱钩部分同样具备"职能行政发包"特征，由各相关主管部门监管和指导；而已脱钩部分的收费项目制定完全是由各个协会根据有偿服务的内容自主制定和收取，涉及的管理主体就更加多元化。我国涉企收费"行政发包"的管理体制，虽然减轻了政府本级的制费工作任务，但是也导致收费项目的制定权和执收权过于分散，一定程度上增加了涉企收费后续管理和规范的难度。

（二）中央主导的涉企收费清单制

汇总统计 2009 ~ 2018 年地方涉企收费清单的披露数量，如图 3 – 2 所示，整体呈现"M"型趋势，2015 年和 2017 年恰好也是地方涉企收费清单集中出台的年份，2015 年国务院首次提出要在全国逐步建立涉企收费清单制度，2017 年 5 月李克强在国务院常务会议上明确提出，地方政府年内必须对外公布涉企收费清单。说明在中央没有出台相关政策和规定的年份，地方政府鲜有主动披露涉企收费清单和文件。因此，总体来看，我国涉企收费的规范和清理工作主要是由中央主导。

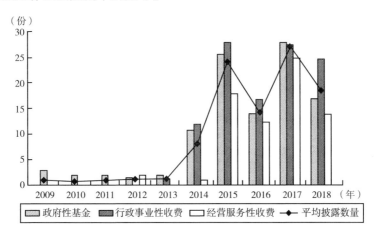

图 3 – 2　2009 ~ 2018 年我国地方涉企收费清单披露情况

资料来源：取自各地披露的涉企收费目录清单。

二、理论分析与假设提出

(一) 地方政府效率与涉企收费减负效应

李克强总理在 2017 年 5 月 17 日的国务院常务会议上明确要求，地方政府须在年内对外公布涉企收费清单，中央会定期检查政策落实情况。可以看出，在涉企收费征管领域中央采取的是压力型组织领导方式，这种管理体制形成于我国在 20 世纪 90 年代后，中央政府采取施加压力来推动下级政府以及职能部门全力完成，并相应给予政治上和经济上的激励和惩罚（杨雪冬，2012）。面对中央施加的政策压力，地方政府是否会认真贯彻落实？许多案例显示，省级地方政府在政策执行过程中竭尽全力，继续向下级施加更大的任务压力，以确保完成上级交代的任务（王汉生和王一鸽，2009；周雪光，2012）。

具体到涉企收费领域，地方政府面对上级减费政策压力时，同样存在尽心完成和敷衍弱化两种选择，而这两种选择的取舍可能的依据包括地方财政压力、政府效率等。但是在中央推行减税降费的政策压力下，地方政府在政策达成共识，并且我国涉企收费管理存在"行政发包"的特征，在裁减过程中如何平衡各个部门的利益，强化部门间的沟通，在短时间内实现各部门统一和有序地削减涉企收费项目，也是十分考验地方政府工作的效率。据此，提出假设 H3。

H3：在减税降费的中央政策基调下，地方政府效率能够带来更显著的企业减负效应。

(二) 涉企收费清单制的调节作用

涉企收费清单制对于地方政府开展相关工作的作用机理，可能是通过正向和负向两种类型激励实现的。具体来说，我国各地官员尤其是高层官员之间存在晋升竞争（Li and Zhou，2005）。近些年中央层面对减费的重视使涉企收费清理工作成为各地高层官员政绩竞争的"新战场"，例如，我国涉企收费中"省定"行政事业性收费项目的清零，主要通过市场经营主体代替政府机构提供有偿服务来实现，即将由行政事业性收费转为经营服务性收费，并没有实质性降低企业负担。而涉企收费清单的强制披露，将各地收费项目和收费标准公之于众，实现了相关工作成绩实时量化。因此，在清单强制披露的机制下，即便是低政府效率地区的官员出于优化政绩考量，也会将相关工作放到更高的优先级，把资源和人员向这些任务倾斜，以保障尽早地完成（杨雪冬，2012）。清单制对地方高层官员开展涉企收费清理工作，更多发挥的是正向激励。

而我国大多数基层官员的日常工作并不是来自"竞争"的正向激励（Zhou et al.，2011），此时清单制引发的负向激励可能会发挥更重要的作用。2017 年国务院对于全国各个地方涉企收费清单的强制披露，并没有因为各地方的政府行政效率的不同作出差异化的规定，一概要求在年底前完成。低政府效率的地方基层官员为了免受惩罚，会投入更多的时间完成相关工作。

清单制产生的以上两种类型的激励，可能会在一定程度缓解政府效率对涉企收费裁减效果的影响。基于上述分析，提出假设 H4。

H4：涉企收费清单制的实施，削弱地方政府效率与企业减负效应之间的正相关关系。

三、研究设计

（一）数据来源与样本选取

2015 年各个省份陆续完成涉企收费清单制的建立，为了比较该制度对地方政府效率与企业减负效应关系的影响，样本选取的年份为 2014 年（该制度建立前的一个年度）和 2016 年（该制度建立后的一个年度）。对研究样本作出以下处理和筛选：（1）剔除实际涉企收费率分子或分母为负的样本，因为此类公司样本通过公式计算求得的实际涉企收费率含义不同；（2）剔除金融类上市公司；（3）剔除信息数据缺失的公司；（4）剔除了 ST 以及 *ST 公司；（5）对所有的连续变量进行上下 1% 的分位数 Winsorize 缩尾处理，以避免极值带来的不利影响。最终得到 1 758 家上市公司研究样本，2014 年与 2016 年的总样本各为 879 家。除地方政府效率指标外，其余数据均取自 CSMAR 数据库。

（二）主要变量说明

1. 地方政府效率。关于地方政府效率的量化，北京师范大学、江西师范大学两校专家组成的"中国地方政府效率研究"课题组 2010～2017 年每年会发布一份《中国地方政府效率研究报告》，影响因子包括政府公共服务、政府规模、政务公开和居民经济福利四大类，计算我国 31 个省（区、市）的地方政府效率的标准化值。在国内学术界得到广泛认可，本书采用其数据对地方政府效率进行衡量。

2. 企业收费负担。我国现有的会计核算口径中并没有单独"涉企收费"这一项目，相关支出的会计处理政策是将其费用化计入当期损益。关于企业收费负担衡量的已有研究大多数是采取计算其中部分收费项目，例如吴珊和李青（2017）在研究我国宏观税负时选用行政事业性收费的金额替代上市公司涉企收费负担，但是我国涉企收费中收缴总金额最多的是政府性基金，收费项目数量最多的是经营服务性收费，因此，这种替代方式缺乏足够的代表性。

对于涉企收费负担的衡量，查询 CSMAR 数据库并批量导出上市公司财务报表附注中"销售费用""管理费用""财务费用"的相关信息，从这三个期间费用的二级科目中手工筛选出涉企收费所有相关的项目和金额。

（三）模型设计

1. 固定效应模型回归方程。为了检验假设 H3，研究地方政府效率与企业减负效应，构建回归模型，即：

$$EFR = \alpha_0 + \alpha_1 GE + \alpha_2 YEAR + \alpha_3 LEV + \alpha_4 SIZE + \alpha_5 DUAL$$
$$+ \alpha_6 NE + \alpha_7 IGR + \alpha_8 IND + \varepsilon_1 \qquad (3-3)$$

其中，EFR 是公司的实际涉企收费率（effective fee rate），用来衡量公司的涉企收费负担，具体计算方法为：实际涉企收费率 =（税金及附加、三费中涉企收费金额）/营业收入；GE 表示地方政府效率，YEAR 代表样本数据所属年度。控制变量包括资产负债率（LEV）、上市公司规模（SIZE）、董事长与总经理兼任情况（DUAL）、股权性质（NE）、营业收入增长率（IGR）、行业（IND）。

2. 双重差分 DID 模型。为了检验假设 H4，研究涉企收费清单制对地方政府效率与企业减负效应关系的调节作用，构建回归模型如下，即：

$$EFR = \beta_0 + \beta_1 YEAR + \beta_2 GE + \beta_3 YEAR \times GE + \beta_4 LEV + \beta_5 SIZE$$
$$+ \beta_6 DUAL + \beta_7 NE + \beta_8 IGR + \beta_9 IND + \varepsilon_2 \qquad (3-4)$$

其中，YEAR 是年度虚拟变量，2015 年各地陆续实行涉企收费清单制，如果观测值是 2016 年的数据，则 YEAR = 1，如果是 2014 年，则 YEAR = 0；GE 表示组别虚拟变量，区分地方政府效率，将 2014～2016 年《中国地方政府效率研究报告》中各个省份的政府效率标准化值进行平均，发现标准化值的均值明显分为三级，政府效率标准化值显著大于 0 的有 9 个省份，作为高地方效率组，在 GE_1 中赋值为 1；显著小于 0 的有 9 个省份，作为低地方效率组，GE_2 赋值为 1；剩余的 13 个省政府效率标准化值接近于 0，其反映了我国地方政府效率的平均状况，本书将其设置为对照组，GE_1 和 GE_2 皆取值为 0 即表示对照组样本，YEAR × GE 是时间虚拟变量和组别虚拟变量的交互项。

四、实证结果分析

（一）描述性统计

1. 涉企收费清单披露情况的描述性统计分析。为了解各地涉企收费清单目录的制定情况，以及地区间清单制实施效果的差异性。将各省级行政区划的清单公示情况进行汇总统计，如表 3-6 所示。2015 年我国正式从中央层面明确建立涉企收费清单制，将 2015 年之前披露行为定义为自愿性披露阶段，2016 年之后定义为强制性披露阶段。

表 3-6　　　　　各省级行政区的涉企收费清单披露情况统计

省份	收费清单数量（份）	最早披露年份	自愿性披露阶段			强制性披露阶段		
			清单公开度	披露意愿	涉企收费项目均值	清单公开度	披露意愿	涉企收费项目均值
北京	12	2006	1	1.3	34.0	5	1.7	22.2
上海	18	2004	2	3.3	38.9	2	1.3	34.3
天津	37	2011	2	4.0	38.0	2	4.7	27.8
重庆	11	2012	3	1.7	66.3	2	1.0	25.0
河北	18	2013	3	1.3	41.0	4	1.3	13.0
山西	16	2014	1	1.7	41.8	4	2.3	22.8
山东	39	2014	1	2.0	58.8	4	7.7	30.0
安徽	25	2010	3	4.0	39.8	3	2.7	27.8
内蒙古	15	2015	1	1.3	47.7	2	2.0	23.7
黑龙江	18	2010	2	1.0	34.0	2	1.0	25.0
吉林	20	2009	2	3.7	59.3	2	0.7	25.5
辽宁	15	2012	2	3.3	44.7	2	1.3	17.8
陕西	15	2015	1	1.0	33.6	4	2.3	19.1
河南	20	2014	4	1.7	67.6	3	1.7	34.6
江苏	10	2014	2	1.0	53.0	2	2.0	48.2
浙江	11	2015	3	1.3	26.8	5	1.7	19.5
江西	17	2014	2	2.3	49.9	3	1.0	38.3
福建	16	2014	2	0.3	256.0	3	2.0	57.0
湖北	17	2015	3	1.0	87.2	4	2.3	68.8
湖南	21	2014	5	1.7	52.4	4	1.3	41.7
广东	18	2015	1	1.0	63.3	4	2.3	59.1

续表

省份	收费清单数量（份）	最早披露年份	自愿性披露阶段			强制性披露阶段		
			清单公开度	披露意愿	涉企收费项目均值	清单公开度	披露意愿	涉企收费项目均值
海南	19	2013	3	1.7	15.2	4	2.0	15.2
四川	10	2015	3	0.7	46.0	3	2.0	17.8
云南	19	2007	2	2.0	18.5	4	2.3	30.5
贵州	15	2009	2	1.3	43.9	4	2.7	23.3
西藏	7	2016	1	0.0	0.0	2	1.0	41.0
平均数	—	—	2.1	1.6	55.9	3	2.0	31.6

资料来源：笔者对各地人民政府披露涉企收费信息整理得到。

关于涉企收费"最早披露年份"的界定，本书采取的是行政事业性收费、经营服务性收费、政府性基金、行政审批前置服务性收费、行业商业协会收费这五项基本收费中首次出现任意一类完整清单的年份，并且必须在清单中清晰标识出涉企项目。最早的上海出现在 2004 年，最晚的西藏出现在 2016 年。"清单公开度"主要是量化涉企收费披露渠道的公开性和可获取性，由于我国涉企收费的整治主要是由各地人民政府、物价局、发改委、财政厅、经济和信息委员会主导进行的，因此，根据涉企收费清单公示在这五个政府网站中的数量进行填列。在自愿性披露阶段，湖南清单公开程度最好，均公示在上述 5 个政府网站。在强制性披露阶段，北京和浙江公开程度较好，上述 5 个官方网站均有公示。"披露意愿"指的是涉企收费主要项目清单的平均披露次数，在自愿性披露阶段，天津和安徽的清单披露意愿较强，均为年均 4 次。在强制性披露阶段，山东年均 7.7 次，为全国最高。

总体来看，一方面在自愿披露阶段各个省份在清单公开度差异较大（最大为 5，最小为 1），在强制性披露阶段清单公开度差异缩小（最大为 5，最小为 2）；另一方面在自愿披露阶段各个省份涉企收费项目均值较大（均值为 55.9 项），在强制性披露阶段涉企收费项目均值得到极大的缩减（均值为 31.6 项）。这说明从地方政府公开披露信息层面，清单制的实施促进了各地涉企收费项目规范和清理，同时也弥合了各个省份降费工作效果的差异，在一定程度上支持了假设 H4。

2. 主要研究变量的描述性统计。实际涉企收费率 EFR 最大值为 4.1496，最小值为 0.0001，均值为 0.0324，表明我国上市公司单位营业收入所缴纳的涉企收费存在较大差异；费用类涉企收费负担 EFR_f 最大值为 4.1496，最小值为 0.00002，说明我国上市公司的费用类涉企收费负担同样存在显著的个体差异，政府性基金类涉企收费率 EFR_g 最大值为 0.1240，最小值为 0.000001，均值为 0.0015，数据离散程度小于实际涉企收费负担和费用类涉企收费负担，说明上市公司单位营业收费缴纳的政府性基金类涉企收费较为接近。政府性基金类涉企收费的制定和清理是由中央主导的，行政事业性收费和经营服务性收费等费用类涉企收费主要由地方政府负责清管，这在一定程度上验证了地方政府对于涉企收费政策的执行力度存在差异（见表 3 - 7）。

表 3 - 7 　　　　　　　　　　　　　描述性统计

变量	N	最小值	最大值	平均数	标准偏差
EFR	1 758	0.0001	4.1496	0.0324	0.1552
EFR_f	1 758	0.0000	4.0256	0.0313	0.1540
EFR_g	1 758	0.0000	0.1240	0.0015	0.0037
GE_1	1 758	0.0000	1.0000	0.5648	0.4959
GE_2	1 758	0.0000	1.0000	0.1445	0.3517
GFA	1 758	- 0.9992	38.2881	0.5410	2.6056
LEV	1 758	0.0156	0.9992	0.4665	0.2125
SIZE	1 758	17.3882	26.4420	22.1588	1.2404
ROA	1 758	- 0.8583	0.4178	0.0214	0.0918
DUAL	1 758	0.0000	1.0000	0.2241	0.4171
NE	1 758	0.0000	1.0000	0.4403	0.4966
IGR	1 758	- 1.8105	47.4431	6.5303	5.4392

资料来源：Stata 的分析结果。

（二）回归分析结果

1. 地方政府效率与企业减负效应。表 3 – 8 是运用固定效应回归模型（3 – 3）检验地方政府效率对企业实际涉企收费负担率 EFR 影响的回归结果，地方政府效率最高的 9 个省份 GE_1 取值为 1，GE_1 的估计系数为 – 0.024 且在 1% 的水平上显著为负，说明地方政府效率越高的省份企业的实际涉企收费率负担率越低；地方政府效率最低的 9 个省份 GE_2 取值为 1，GE_2 的估计系数 0.027 且在 1% 的水平上显著为正，说明地方政府效率越低的省份的企业实际涉企收费率负担率越高。综合来看，地方政府效率与涉企收费率负担呈现负相关关系，与减负效应存在正相关关系，验证假设 H3。并且各个变量的方差膨胀因子 VIF 均小于 10，说明变量之间不存在多重共线性。

表 3 – 8　　　　　　　　地方政府效率与企业减负效应的回归结果

项目	模型（3 – 3）（1）			模型（3 – 3）（2）		
	系数	T 值	VIF	系数	T 值	VIF
（常数）	0.621 ***	7.719	—	0.595 ***	7.383	—
GE_1	– 0.024 **	– 3.002	1.110	—	—	—
GE_2	—	—	—	0.027 **	2.461	1.075
GFA	0.010 ***	8.504	1.061	0.010 ***	8.538	1.061
LEV	0.090 ***	4.102	1.474	0.092 ***	4.210	1.469
SIZE	– 0.029 ***	– 7.681	1.543	– 0.029 ***	– 7.592	1.547
ROA	0.255 ***	5.711	1.153	0.257 ***	5.726	1.156
DUAL	0.045 ***	4.697	1.116	0.046 ***	4.717	1.118
NE	0.025 **	2.774	1.423	0.028 **	3.115	1.388
IGR	0.005 ***	9.655	1.071	0.005 ***	9.557	1.076
行业	已控制			已控制		
年份	已控制			已控制		
N	1 758			1 758		
Adj-R^2	0.193			0.191		

注：* 表示 $p < 0.05$，** 表示 $p < 0.01$，*** 表示 $p < 0.001$。

资料来源：Stata 的回归结果。

2. 清单制对政府效率与企业减负效应关系影响。表 3 - 9 是运用 DID 模型 (3 - 4) 检验清单制调节作用的回归结果。$GE_1 \times YEAR$ 的系数为 0.034 且在 1% 的水平上显著为正，而 GE_1 的系数显著为负，表明清单制的实施在一定程度上削弱了较高的地方政府效率带来的低涉企收费负担率，$GE_2 \times YEAR$ 的估计系数为 -0.049 且在 1% 的水平上显著为负，而 GE_2 的系数显著为正，表明清单制的实施削弱了地方政府效率较低导致的涉企收费清理工作滞后。综上所述，涉企收费清单制的实施，削弱地方政府效率与企业减费效应之间的正相关关系，有利于实现各地降费工作的齐头并进。支持了假设 H4。各个变量的方差膨胀因子 VIF 均小于 10，说明变量之间不存在多重共线性。

表 3 - 9　　清单制、政府效率与企业减负效应的 DID 模型回归结果

项目	模型 (3 - 4) (1)			模型 (3 - 4) (2)		
	系数	T 值	VIF	系数	T 值	VIF
（常数）	0.632 ***	7.849	—	0.597 ***	7.409	—
GE_1	-0.041 ***	-3.684	2.108	—	—	—
GE_2	—	—	—	0.051 ***	3.287	2.056
$GE_1 \times YEAR$	0.034 **	2.584	3.312	—	—	—
$GE_2 \times YEAR$	—	—	—	-0.049 **	-2.655	2.166
YEAR	-0.032 **	-2.712	2.351	-0.005	-.648	1.209
GFA	0.010 ***	8.461	1.062	0.010 ***	8.301	1.070
LEV	0.089 ***	4.083	1.474	0.092 ***	4.215	1.469
SIZE	-0.029 ***	-7.702	1.543	-0.029 ***	-7.654	1.548
ROA	0.251 ***	5.624	1.155	0.252 ***	5.629	1.158
DUAL	0.045 ***	4.661	1.116	0.045 ***	4.684	1.118
NE	0.025 **	2.763	1.423	0.028 **	3.115	1.388
IGR	0.005 ***	9.663	1.071	0.005 ***	9.606	1.076
行业	已控制			已控制		
N	1 758			1 758		
Adj-R²	0.195			0.194		

注：* 表示 $p < 0.05$，** 表示 $p < 0.01$，*** 表示 $p < 0.001$。
资料来源：Stata 的回归结果。

五、进一步研究与稳健性检验

（一）不同类型涉企收费减负效应的细分性研究

我国涉企收费按照设立目的和执收单位的差异可以分为政府性基金、行政事业性收费、经营服务性收费等，其中，政府性基金的设立主体是中央部门，因而很少受到地方政府影响，而行政事业性收费和经营服务性收费中相当多的收费项目，是由各地政府相关部门设立的。为了检验地方政商关系对不同类别涉企收费影响的差异性，进一步将实际涉企收费率 EFR 分为政府性基金负担率 EFR_g 和费用类涉企收费负担率 EFR_f，并分别代入多元回归方程（3-3）和方程（3-4）中。

表 3-10 反映的是运用模型（3-3）分别检验地方政商关系对政府性基金负担率 EFR_g 和费用类涉企收费负担率 EFR_f 的影响，使用地方政府效率量化地方政商关系。被解释变量为 EFR_f 时，GE_1 的估计系数为 -0.025 且在 5% 的水平上显著为负（地方政府效率最高的 9 个省份 GE_1 取值为 1），说明地方政商效率越高的省份企业的费用类涉企收费率负担率越低；GE_2 的估计系数 0.028 且在 5% 的水平上显著为正（地方政府效率最低的 9 个省份 GE_2 取值为 1），说明地方政商效率越低的省份的企业费用类涉企收费率负担率越高。综合来看，地方政府效率与费用类涉企收费率呈现显著的负相关关系，即"亲而清"的地方政商关系能够带来显著的企业费用类收费减负效应，并且各解释变量系数的绝对值均大于被解释变量为 EFR，"亲而清"的地方政商关系能够对费用类收费减负效应的影响更为显著。

被解释变量为 EFR_g 时，GE_1、GE_2 的估计系数均大于 5% 的显著水平，说明"亲而清"的地方政商关系与政府性基金类收费的减负效应之间不存在明显的因果关系，这也验证了我国政府性基金的制定、规范和清理主要是由中央主导的现状。

表 3 - 10　地方政府效率与企业减负效应的回归结果

项目	EFR_f 模型 (3-3) (1) 系数	T值	VIF	EFR_f 模型 (3-3) (2) 系数	T值	VIF	EFR_g 模型 (3-3) (1) 系数	T值	VIF	EFR_g 模型 (3-3) (2) 系数	T值	VIF
（常数）	0.627***	7.838	—	0.600***	7.489	—	0.005**	2.744	—	0.004**	2.555	—
GE_1	-0.025**	-3.052	1.110	—	—	—	0.000	-1.294	1.110	—	—	—
GE_2	—	—	—	0.028**	2.735	1.075	—	—	—	0.000	1.544	1.075
GFA	0.010***	8.349	1.061	0.010***	8.381	1.061	0.000***	8.661	1.061	0.000***	8.665	1.061
LEV	0.093***	4.282	1.474	0.095***	4.387	1.469	-0.001	-1.613	1.474	-0.001	-1.588	1.469
SIZE	-0.030***	-7.822	1.543	-0.029***	-7.724	1.547	0.000	-1.856	1.543	0.000	-1.789	1.547
ROA	0.252***	5.681	1.153	0.254***	5.706	1.156	0.004***	4.513	1.153	0.004***	4.557	1.156
DUAL	0.044***	4.602	1.116	0.045***	4.630	1.118	0.000*	2.243	1.116	0.000*	2.281	1.118
NE	0.026**	2.838	1.423	0.029**	3.170	1.388	0.001**	3.002	1.423	0.001**	3.119	1.388
IGR	0.005***	9.553	1.071	0.005***	9.446	1.076	0.0007***	6.491	1.071	0.0007***	6.403	1.076
行业	已控制			已控制			已控制			已控制		
年份	已控制			已控制			已控制			已控制		
N	1 758			1 758			1 758			1 758		
Adj - R^2	0.192			0.191			0.117			0.117		

注：* 表示 $p < 0.05$，** 表示 $p < 0.01$，*** 表示 $p < 0.001$。
资料来源：Stata 的回归结果。

表 3 - 11 是运用模型（3 - 4）检验清单制调节作用的回归结果。被解释变量为 EFR_f，$GE_1 \times YEAR$ 的系数为 0.036 且在 1% 的水平上显著为正，而 GE_1 的系数显著为负，表明清单制的实施在一定程度上削弱了"亲而清"地方政商关系带来的低费用类涉企收费负担，$GE_2 \times YEAR$ 的估计系数为 - 0.055 且在 1% 的水平上显著为负，而 GE_2 的系数显著为正，表明清单制的实施削弱了地方政商关系较差导致的费用类涉企收费清理工作滞后。综上所述，涉企收费清单制的实施，削弱了"亲而清"政商关系与企业费用类收费减负效应之间的正相关关系，并且各个解释变量系数的绝对值均大于被解释变量为 EFR，表明费用类涉企收费与地方政商关系受清单制的削弱作用更为明显，并且各个变量的方差膨胀因子 VIF 均小于 10，说明变量之间不存在多重共线性。

表 3 - 11　清单制、地方政府效率与企业减负效应的 DID 模型回归结果

项目	EFR_f					
	模型（3 - 4）（1）			模型（3 - 4）（2）		
	系数	T 值	VIF	系数	T 值	VIF
（常数）	0.639 ***	7.978	—	0.602 ***	7.520	—
GE_1	- 0.042 ***	- 3.812	2.108	—	—	—
GE_2	—	—	—	0.055 ***	3.578	2.056
$GE_1 \times YEAR$	0.036 **	2.718	3.312	—	—	—
$GE_2 \times YEAR$	—	—	—	- 0.055 **	- 2.918	2.166
YEAR	- 0.034 **	- 2.885	2.351	- 0.005	- .653	1.209
GFA	0.010 ***	8.305	1.062	0.010 ***	8.123	1.070
LEV	0.092 ***	4.263	1.474	0.095 ***	4.394	1.469
SIZE	- 0.030 ***	- 7.845	1.543	- 0.030 ***	- 7.796	1.548
ROA	0.248 ***	5.590	1.155	0.249 ***	5.600	1.158
DUAL	0.044 ***	4.564	1.116	0.044 ***	4.594	1.118
NE	0.026 **	2.826	1.423	0.029 **	3.170	1.388
IGR	0.005 ***	9.563	1.071	0.005 ***	9.502	1.076
行业	已控制			已控制		
N	1 758			1 758		
Adj-R²	0.195			0.194		

注：* 表示 $p < 0.05$，** 表示 $p < 0.01$，*** 表示 $p < 0.001$。
资料来源：Stata 的回归结果。

（二）稳健性检验——涉企收费清单制量化方式的拓展研究

为确保研究模型估计结果有效性，进行以下稳健性检验。

第一，关于清单制这一变量的衡量，在研究中采用的是选取政策实施前、后各一年的样本进行回归。在稳健性检验中拟进一步细化不同年份不同省份清单的披露质量。

卡巴和罗德里格兹（Caba and Rodriguez，2008）基于政府财务信息披露的互联网化趋势，在评分体系中的加入网页设计部分，以此来考察政府网站在设计方面，是否为网页浏览者获取信息提供足够的便利性，成为互联网环境和信息时代下政府信息披露质量理论研究的标杆性做法，本书在计量方式上也采用此类方法。参考佩雷兹等（Perez et al.，2008）的研究，同时借鉴张琦和方恬（2014）在构建我国政府部门财务信息质量披露指数时对 Caba 评分体系的本土化改良，结合自己收集的 513 份省级地方涉企收费清单，拓展和调整评分体系中各级指标的内容，构建清单披露质量指数（total disclosure index，TDI 值），如表 3 - 12 所示。

表 3 - 12　　　　　地方涉企收费清单制的披露质量评分体系

一级指标	二级指标	三级指标		说明
内容维度（8分）	基本框架（2分）	项目名称 相关部门 政策依据 资金管理方式 收费标准	0.4 分 0.4 分 0.4 分 0.4 分 0.4 分	涉企收费清单是否包含项目名称、相关部门、政策依据、资金管理方式和收费标准五个内容类别（分值累计）
	具体内容（2分）	收费单项内容的完整表述	2 分	涉企收费清单中每一项是否按照基本框架完整表述（选值）
	清单内容独立披露（2分）	涉企行政事业性收费清单 涉企经营服务性收费清单	1 分 1 分	是否将两类涉企项目分别单独编制清单（分值累计）
	项目内容的级次（2分）	一级分类 二级分类 三级分类 四级分类	0.5 分 0.5 分 0.5 分 0.5 分	主要衡量涉企收费清单中收费项目的级次（分值累计）

一级指标	二级指标		三级指标		说明
信息特征维度（8分）	全面性（2分）		政府性基金清单	0.5分	当年各个基本涉企收费类别的清单是否完整（分值累计）
			行政事业性收费清单	0.5分	
			经营服务性清单	0.5分	
			其他涉企收费项目清单	0.5分	
	及时性（2分）		若为当年披露	2分	中央政府出台规定的年份，地方当年是否公布清单（选值）
			若为次年披露	1分	
			若为以后年度披露	0分	
	或自愿性		涉企收费清单的自愿披露：更新频次前50%地区	2分	中央政府未出台规定的年份，涉企收费清单披露频次（选值）
	可比性（2分）		相邻两年及以上涉企收费清单：存在连续两年清单	1分	能否在相关政府网站上找到相邻两年及以上年度的清单（分值累计）
			存在连续两年以上清单	1分	
	可靠性（2分）		公示相关决议文件	1分	清单是否附有政策文件、是否有政府公章（分值累计）
			盖有政府相关部门公章	1分	
便捷性维度（8分）	清单公开度（2分）		地方人民政府官网公示	0.4分	主要的地方政府机关网站是否披露涉企收费清单信息（分值累计）
			物价局官网公示	0.4分	
			发改委官网公示	0.4分	
			财政厅官网公示	0.4分	
			经济和信息委员会公示	0.4分	
	访问便利性（2分）		收费项目的政策依据超链接	1分	清单中政策依据是否有超链接，网站首页醒目位置是否有收费清单查询入口（分值累计）
			政府网站首页有快捷入口	1分	
	数据操作的便利性（2分）		若为xls格式，doc格式	2分	xls格式、pdf格式、doc格式或html格式（选值）
			若为pdf格式	1分	
			若为html格式	0分	
	与清单使用者互动（2分）		提供主管部门联系方式	2分	是否提供主管部门联系方式；邮箱、电话或专用网站（选值）

需要说明的是，对于涉企收费清单制的披露质量，本书还采用辅助评估方法——Cook统计值，以筛选地方政府部门公开财政数据里的异常值。但是由于地方财政数据中关于涉企收费公示内容不完整（仅公示了行政事业性收费），并且已公示数据的计量结果与TDI值保持一致，因而没有单独列示

Cook 统计值。

涉企收费披露质量总评分 TDI 由内容维度 TDIt、信息特征维度 TDIc 以及便捷性维度 TDIa 这三个一级指标构成。涉企收费清单制的披露质量评分体系采取级次打分制。三级指标通过"分值累计"或"选值"的方式赋值，前者是按照符合条件的项目数累计得分，后者是按照符合项目的分值直接赋值。按照表格的评分标准完成三级指标取值后，求出各个二级指标的得分，在计算一级指标得分时为了消除人为设定满分为 8 分的主观性问题，对二级指标数值进行了标准化，例如，一级指标中内容维度 TDIt 最终得分标准化的计算公式为：

$$TDIt = \sum_{n=1}^{4} TDIt_n/8$$

其中，n 为 1~4 分别代表地方政府涉企收费清单"内容维度"的四个二级子指标的得分，一级指标中信息特征维度 GDIc、便捷性维度 GDIa 也要做上述标准化处理。

涉企收费清单披露质量总评分 GDI 的计算公式为：

$$TDIt = (TDIt + TDIc + TDIa)/3$$

$$TDIt = (\sum_{n=1}^{4} TDIt_n/8 + \sum_{n=1}^{4} TDIc_n/8 + \sum_{n=1}^{4} TDIa_n/8)/3$$

我国境内 32 个省级行政区划单位，每个年度都按照这种办法分别量化一次地方涉企收费清单的披露质量 TDI，相应的将假设 H4DID 模型（3-4）调整为固定效应模型，即：

$$EFR = \beta_0 + \beta_1 TDI + \beta_2 GE + \beta_3 TDI \times GE + \beta_4 LEV + \beta_5 SIZE + \beta_6 DUAL$$
$$+ \beta_7 NE + \beta_8 IGR + \beta_9 IND + \varepsilon_2 \tag{3-5}$$

第二，关于公司的实际涉企收费率 EFR，一般有两种计算方式。在稳健性检验中采用的计算方法为：实际涉企收费率=涉企收费金额/总资产规模。

第三，基于涉企收费清单制计量方式的改变，上市公司研究样本年限也拓宽至 2013～2017 年。

通过上述稳健性检验后，替代变量系数的正负性不变和解释变量均在 1% 水平上显著（受篇幅所限回归结果没有列式），说明研究结论较为稳健。

六、结论与启示

本书以涉企收费清单制实施前一年（2015 年）和实施后一年（2016 年）A 股上市公司作为研究对象，实证检验地方政府效率对企业涉企减费效应的影响，在此基础上进一步探究清单制对于两者关系的调节效应。研究的主要结论如下：总体来看，第一，地方政府效率对企业涉企收费的减负效应存在显著的正向影响，同时也验证了我国涉企收费"行政发包"的管理体制导致的收费项目制定权和执收权过于分散，各个省份在制定和规范收费项目方面存在地域差异。第二，清单制的表征变量和地方政府效率的交互项与地方政府效率的正负性显著相反，说明涉企收费清单制的实施，削弱了地方政府效率与企业减费效应之间的正相关关系，即在一定程度上验证了清单制引发了中高层地方官员的"竞争"和基层官员负向激励，也表明政务信息公开是提升地方政府办公效率和服务能力的有效途径。

具体来看，第一，地方政商关系对费用类涉企收费的减负效应更为显著，对政府性基金类涉企收费减负效应并没有显著关系，从实证数据层面验证了我国政府性基金的制定和规范主要是由中央政府层面完成的，很少受到地方层面影响。第二，费用类涉企收费率作为被解释变量时，清单制的表征变量与地方政商关系的交互项的系数更大和显著性更强，说明涉企收费清单制的实施，对"亲而清"政商关系与企业费用类收费减负效应之间正相关关系的削弱作用更为显著，这也与我国行政事业性收费和经营服务性收费的规范与清理主要在地方开展相吻合。

研究结论具有以下实践意义：我国由于政府效率和政务处理能力的限制，很多工作都存在行政发包的特征，中央制定政策目标，再由各个职能部门和地方政府负责管理和落实，这会造成多方管控的局面，如何确保各个地方无差别地执行中央政策一直是重要议题。2015 年在涉企收费领域建立的清单制，具备收费信息公开监督和工作业绩量化考评的优势，是一次有益的政策创新。本书的研究结论也验证了清单制能够削弱各个省份政府效率导致的企业降费工作效果的差异。因此，类似于清单制的信息创新公开机制对于其他存在行政发包特征的政务领域也同样存在借鉴和推广价值。

第三节　机构调研与涉企收费减负效应

2021 年 4 月财政部总结了"十三五"时期降费的工作成果，全国降费累计超过 2.9 万亿元，企业减负效应显著。大部分降费政策均已进入执行阶段，例如，2017 年 9 月国家发改委修订颁布了《政府制定价格行为规则》，突出了定价的市场机制，进一步缩小了政府定价范围。2018 年 7 月国家发改委、财政部出台了《行政事业性收费标准管理办法》，2020 年 12 月国家发改委适时调整公示了《政府定价的经营服务性收费目录清单》，要求规范收费行为，提高费用决策的科学性和透明度，维护各主体的合法权益。历次"降成本重点工作会议"均将收费基金减免、涉企违规收费整治列为重点任务，并且"中国政府网"开辟了"减税降费政策库"的独立页面和专栏，方便企业了解最新涉企收费政策文件。展望"十四五"时期，政府已明确提出将继续制度性减税、清理收费基金项目，但新冠肺炎疫情和外部环境的诸多不确定性，使财政收支仍将持续紧平衡状态，也对政府的宏观调控提出了挑战。正是基于此种形势，2021 年 7 月国家税务总局局长王军在专题研讨会中提出深化减税降费、办税服务和监管机制中"减""服""管"的政策含义，要想方设法把名义税率降下来，把实际征收率提上去，打击偷逃税行为。依法打击逃税避费者可以避免"劣币"驱逐"良币"的现象，是对诚实经营者最有力的支持与帮助，也是对法治和公平营商环境的最好保护。因此，同步实施"减税降费"和"财政减收"政策，需明确结构性减税降费与逃避税收（以下简称逃税）、规避缴费（以下简称避费）之间泾渭分明的界线与性质差异，减税降费是外部普惠性的减负政策，逃税避费属于企业内部降低经营负担的自利策略。那么降费政策是否实现了市场主体的减负效应，企业是否仍存在避费行为？

随着机构投资者参与热情的提高以及资本市场的完善，调研已成为重要的外部监督治理机制，是投资者获取公司信息、改善自身信息劣势局面的重要途径。通过实地调研活动，机构投资者可以考察公司生产经营状况，还能直接与公司员工、高层管理人员面对面交流和接触以了解投资者感兴趣和关心的问题（司海涛，2018）。统计数据显示，2012～2020年深交所上市公司累计接受投资者调研63 196次，对上市公司调研次数最多的是证券公司和基金管理公司，合计占比为67.32%。那么机构调研能否真正改善投资者的信息地位，抑制管理层谋取私利的避费行为，提升企业缴费的公平性，是一个具有现实意义的研究选题。

本节以2012～2020年深交所上市公司为样本，实证分析机构调研对企业避费行为的影响，研究发现，在减税降费的中央政策推动下各类公司的经营负担普遍下降，实现了经济政策的普惠性。机构调研能够缓解资本市场的信息不对称，约束管理层的避费行为，保证涉企收费负担的公平性，而清单制的实施强化了调研对避费行为的抑制作用。进一步研究发现，非国有公司中调研能够更好地约束管理层避费行为，清单制的实施强化了机构调研与避费行为的负相关关系。

一、文献评述

随着资本市场的发展与完善，机构调研越来越受到国内外学者的关注，相关的文献分布于企业经营管理的诸多方面。第一，机构调研影响企业经营决策和治理水平。谭劲松和林雨晨（2016）通过实证研究A股上市公司发现机构投资者通过调研行为发挥了积极的治理效应，机构调研能够改善企业的治理水平。杨鸣京等（2018）研究结果表明，机构调研有效提高了上市公司的创新投入和研发绩效，其中，公募、私募基金和保险公司调研活动能更大程度促进公司实质性的创新活动。杨侠和马忠（2020）实证考察了机构调研对大股东掏空行为的影响，机构投资者调研能够降低大股东的信息优势，有效约束和监督私利行为，保护中小股东者利益。钟芳和王满（2020）以深交所上市公司为样本，探究机构投资者调研对企业股权激励的影响，研究发现，机构投资者实地调研会显著促进企业实施股权激励计划，并且相较于国有企业，机构投资者实地调研对民营上市公司股权激励的推动更为显著。第二，机构调研影响企业盈余管理活动，国内外学者普遍认为，机构投资者能够影响企业的盈余管理活动，但关于抑制还是促进莫衷一是。部分学者认为，机构对盈余管理行为发挥监督作用，鲍尔萨姆（Balsam，2002）指出，机构投资者更能分辨出公司财务中可操纵和不可操纵性应计利润，能够实现对公司盈余管理活动的阻抑效果。高雷和张杰（2008）认为，机构投资者可以通过参与上市公司的治理，以抑制管理层的盈余管理活动。孙光国和刘爽（2015）研究结果表明，机构投资者持股对上市公司的真实盈余管理产生了约束作用。王珊（2017）指出，机构调研降低了企业的盈余管理程度，并且在信息披露质量较差的上市公司中作用更为明显。另外部分学者持相反观点，认为机构投资者会提升企业的盈余管理水平。许（Koh，2007）认为，机构投资者对企业盈余管理的作用趋势是先扬后抑，当持股比例较低时机构促进了公司的盈余管理活动，持股比例增加后机构能够抑制盈余管理程度。杨海燕、韦德洪（2012）和林永坚（2017）的研究结果表明，为迎合机构投资者的心理预期，上市公司在机构持股后更倾向于实施增长利润的盈余管理。第三，机构调研影响企业缴税活动，李昊洋（2018）以深交所公司为样本，实证研究结果表明，机构调研通过提升公司的信息披露质量约束了管理层的避税行为。潘俊（2019）以 2013 ~ 2015 年沪深公司为样本，研究发现机构调研能够阻抑管理层的避税倾向，信息不对称程度越高的调研所发挥的监督效用越明显，但较大的业绩压力会显著削弱机构调研对避税行为的抑制作用。

部分文献关注到减税降费带来的政府财政压力，国内外学者研究了机构调研的多种治理机制以及机构活动对于企业避税行为的抑制作用，但鲜有关于涉企收费的实证研究。而探究调研对企业缴费行为的外部监督效应，分析收费清单制对信息不对称的缓解作用，有助于为政府兼顾"平衡减税降费政策红利的普惠性与公平性"提供经验证据。

二、理论研究与假设提出

1. 机构调研对公司避费行为的监督效应。在减税降费外部政策下经营负担整体下降，企业可能存在通过避费行为从内部进一步降低经营负担的动机。涉企收费除了与行业特性、国家政策相关外，与企业当期盈利水平密切相关。因此，避费行为往往会采取隐蔽性和复杂化的交易行为和会计处理方式，增加企业内外部的信息不对称程度（叶康涛和刘行，2014）。机构调研是资本市场与公司在财务信息的真实性与有效性方面博弈的重要措施，本书中"机构"指的是证券、基金和资产管理公司，机构投资者可能已持有该公司股票，或者是进行前期调查的潜在投资方，因此，其调研动机除了探究企业经营业绩的虚实，也有投资获利性的考量。"调研"包括特定对象调研、投资者接待日活动、现场参观、分析师会议和一对一沟通等形式。关于机构调研与企业避费行为的关系主要从以下两个方面展开。

从上市公司角度来看，随着来访调研机构数量的增加，业务活动和财务信息被询问和调查的次数显著增多，2012～2020年投资者调研纪要的统计结果表明财务数据真实性和业绩预期是机构关注的重要议题，这提升了公司避费行为被曝光的可能性，即机构调研越频繁的企业避费行为被发现的概率越大。这种谋取私利活动被发现后的代价包含隐性与显性两个方面，其中，隐性成本为企业的税务监察风险提升、管理层声誉受损，显性成本的作用机制为投资者情绪影响了股票定价，股票价格反映出资本市场对管理人员能力的评价，低股价会增加管理者的离职风险并影响其股权薪酬利益（肖虹和曲晓辉，2012）。在涉企收费领域，投资者的情绪方面是不希望公司逃税避费，因为规避税费是管理层的自利行为，在提升短期经营业绩的同时损害股东的长期利益。作为事实或潜在的投资者，当机构调研后发现管理层避费相关的不端行为时，就会通过投资决策体现在股价中，对管理层发挥监督效应。此外，"理性迎合渠道"理论也能够对此提出补充性解释，随着远道来访机构投资者增多，市场关注度持续增加，管理层逐渐会带有"明星光环"的错觉，兼顾"盈利增长"与"诚实纳税缴费"这一近乎苛刻的预期会成为管理层努力达成的目标，公司也会尽量降低逃税避费事项的发生比例。

从调研机构角度来看，我国上市公司经营信息和财务数据的披露渠道单一、公布内容有限，而布希（Bushee，2003）的研究结果表明，投资者通过调研可以与管理层私下沟通，取得更为重要的企业信息。即机构调研有助于资本市场了解公司的非公开信息，降低信息不对称程度，在缓解代理冲突方面发挥积极作用。首先，现实的信息诉求，调研参与机构往往是公司的持股方或潜在投资者，需要获取充分信息后实现价值判断以保障自身权益，早期参与调研的机构往往带有很强的"一探究竟"的审查动机。其次，专业的分析能力，与个体投资者相比，金融机构的调研主要参与者是证券分析师和基金经理，他们拥有更专业的财务和金融知识，对公司的经营信息和财务数据具备更强的解读能力，在调研挖掘公司私有信息后，能够更为有效地识别管理层是否存在不端行为，发现避费问题。因此，机构调研对企业的治理效应体现在通过降低上市公司内部与外部的信息不对称程度，提升财务信息披露质量，从而增加公司隐藏信息的成本，抑制管理层的机会主义行为。

从整体层面来看，机构调研对企业避费行为的作用机理如图3-3所示，在减税降费政策为企业普惠性减负提供了外部条件，财务信息操纵是掩饰管理层内部非公平性减负（即避费行为）的重要方式，公司的会计信息列报策略与财政部制定的会计准则决定了管理层财务操纵的边界，而在银保监会约束下的金融机构与证监会信息披露指南规范下的调研活动，提高了公司信息的可得性，削弱了管理层的信息优势，抑制公司的财务操纵活动，约束管理层的避费行为。基于上述分析提出假设 H5。

H5：机构调研发挥了对避费行为的外部监督效应，有助于营造企业诚实缴费的公平性。

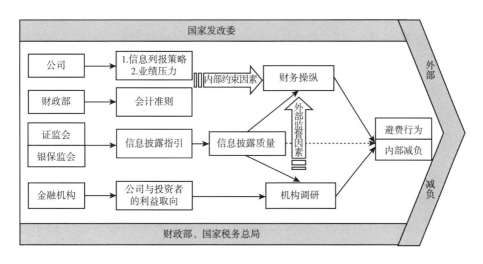

图 3 – 3　信息披露、机构调研与避费行为之间的关系

资料来源：笔者对现行政策文件与组织形式的总结。

2. 清单制对机构调研的调节作用。外部投资者对公司的经营状况和发展前景信息的掌握程度远不及内部管理层，这是公司敢于通过避费行为实现自利减负的重要原因。整体而言，机构调研缓解了企业内外部信息不对称问题，抑制了管理层的避费行为，保护了缴费的市场公平性。具体到不同的年度，我国于 2015 年建立了收费清单制，这是涉企收费领域的大事件，因而将其作为样本的时间分界点，探究清单制对于政府层面降费政策的普惠性和企业层面内部避费行为所产生的影响。

在清单制建立前收费项目的名称、内容和标准等方面存在显著的地区化差异。从行为识别角度分析，非本地区的调研机构很难在短时间内准确掌握各省份涉企收费相关信息的异同之处，也很难通过横向对比不同地区、各行业企业的涉企收费负担差异以鉴别管理层的避费行为。从调研信息质量角度分析，对于没有参与实地调研的机构和个人投资者而言，已有调研信息的有效披露是减缓资本市场与企业管理层信息不对称的有效手段。而涉企收费项目名称与标准的地区化差异加之机构信息披露的程序化和模板化问题，导致调研报告难以揭示管理层隐藏的信息，降低了社会对企业避费行为的关注度和监督效应。因此，涉企收费标准缺乏统一的制式，使单次机构调研所能发挥的监督效能有限，只有随着机构调研活动次数的逐渐增加，产生"堆积效应"后才能更好地实现对企业避费活动的约束作用。

清单制建立后，中央政府通过带有"截止日期"性质的任务分派方式对各地工作人员产生强大的外部考核压力，并且以信息公开的形式将各地收费项目和收费标准公之于众，有助于实时量化降费专项工作绩效。因此，在清单强制披露的机制下，各地政府将相关工作放到更高的优先级，把资源和人员向这些任务倾斜，保障了收费清单制在全国范围内的快速推行（杨雪冬，2012）。近些年清单制的有效实施与结构性降费政策的效果叠加后，除了带来更低的收费比例和更少的费用项目，也使涉企收费内容、收费程序更加透明化和统一化。在普遍减轻各类企业经营负担的同时，降低了调研活动中对涉企收费相关内容问询与分析的难度，有利于机构投资者发掘管理层的避费行为，并且更为统一的费用命名方式和收费标准，提升了调研报告披露涉企收费信息的准确性和易读性，信息透明度的提高会对管理层产生有效的外部监督与治理效应。即清单制有助于更好地释放单次机构调研的监督有效性，更显著地降低管理层涉企收费的操作空间，基于上述分析分别提出假设 H6 和假设 H7。

H6：降费政策与清单制的推行，实现了减负效应的普惠性。

H7：清单制的实施，有助于机构调研更显著地约束公司避费行为，更好地实现减负效应公平性。

三、研究设计

（一）样本来源与数据处理

选取 2012～2020 年深交所上市公司为研究对象，数据主要来自 CSMAR 和 Wind 数据库，并对样本进行以下处理：（1）为规避新上市公司存在的业绩修饰问题，剔除 IPO 不到一年的上市公司；（2）剔除 ST 公司及缺失或异常的观测值；（3）国内部分 A 股上市公司存在同一股票代码下经营实体变更的现象，例如"借壳上市"，部分企业的调研信息披露存在瑕疵，例如披露时间早于调研时间、问询内容描述不准确等，剔除此类样本；（4）按照研究惯例，剔除金融类上市公司。最终筛选出 10 575 个研究样本，涵盖上市公司 1 175 家。在 1% 的水平上对全部连续变量缩尾处理（Winsorize），以减少变量极端值对回归结果的影响。

（二）模型设定

为检验假设 H5，研究机构调研有助于实现企业诚实缴费的公平性，构建以下回归模型，即：

$$Feeavoid = \alpha_0 + \alpha_1 VISIT + Controls + 行业、年度虚拟变量 + \varepsilon_1$$

$$(3-6)$$

为检验假设 H6，研究降费政策实现了减负效应的普惠性，构建以下回归模型，即：

$$EFR = \alpha_0 + \alpha_1 YEAR + Controls + 行业虚拟变量 + \varepsilon_3 \qquad (3-7)$$

为检验假设 H7，研究收费清单制对机构调研与企业避费行为的调节效应，构建以下的回归模型，即：

$$Feeavoid = \alpha_0 + \alpha_1 VISIT + \alpha_2 YEAR + \alpha_3 YEAR \times VISIT + Controls$$
$$+ 行业虚拟变量 + \varepsilon_3 \qquad (3-8)$$

其中，Feeavoid 是公司避费程度，该指标越小表示避费水平越低，企业诚实缴费情况越好，涉企收费负担的公平性越强。解释变量 VISIT 代表的是机构调研。YEAR 代表样本数据所属年度，也表征了清单制的实施，2015 年全国范围内建立了涉企收费清单制，如果观测值是 2016～2020 年的数据，则 YEAR = 0，如果为 2012～2015 年，则 YEAR = 1。此外设置了其他控制变量 Controls 来保证研究结果的可靠性和稳健性，外部监管机制变量：分析师关注度 ANALYST，国际四大会计师事务所 BIG4 和机构持股比例 INSTSHR（券商、基金、信托、合格境外投资者、保险、社保基金、银行、财务公司和非金融类公司的持股比例总和）；成长性变量：BTM（公司账面价值与市场价值之比衡量）和营业收入增长率 IGR；高管特征变量：离任剩余日期 RDD（如果高管距离离任小于 30 日，则取值为 1），高管持股比例 MANSHR，董事长与总经理两职合一 DUAL；公司治理变量：第一大股东持股比例 SRCS，独董比例 INDEP（独董人数/董事总人数），董事会规模 BSIZE（董事总人数取自然对数），两权分离度 SEP 和实际控制人性质 STATE（如果国有控股人为 1）；公司特征变量：经营活动现金流 CFO（当期现金流量净额/期末资产总值），总资产收益率 ROA（净利润/期末总资产余额），公司规模 SIZE（公司期末总资产的自然对数），资产负债率 LEV。此外，还控制了行业和地区虚拟变量，行业变量采用证监会 2012 年行业分类标准。

（三）变量说明

1. 避费程度（Feeavoid）。国内会计核算口径中并没有单独"涉企收费"项目，已有研究对于企业收费负担的量化大多数采取的是选取主要收费项目金额，例如吴珊和李青（2017）在探究我国宏观税负水平时选用行政事业性收费的金额替代公司的涉企收费整体负担，但我国涉企收费中各个项目均存在纳入指标的数量意义，例如，政府性基金的收缴总金额最多，经营服务性收费的收费项目数量最多，这种简单的替代方式缺乏足够的代表性。本书的思路是涉企收费与税收在制定机理、征收主体方面存在相似之处，企业逃税避费与盈余管理皆是在法律法规、相关准则规范内攫取管理层个人利益的调节行为，故同时借鉴李昊洋（2018）税收规避水平的计算方法以及修正Jones"二分"（分年度、分行业）的盈余管理模型，基于涉企收费的各省份差异性的综合考量，增加了地区因素指标，最终构建了上市公司避费程度的"三分"（分行业、分年度、分地区）回归模型，将"操控性涉企收费缴纳额"绝对值作为"规避涉企收费程度（Feeavoid）"的量化指标，具体计算过程如下：

$$\frac{EFR_{i,t}}{Asset_{i,t-1}} = a_1 \frac{1}{Asset_{i,t-1}} + a_2 \frac{\Delta Rev_{i,t} - \Delta Rec_{i,t}}{Asset_{i,t-1}} + a_3 \frac{Ppe_{i,t}}{Asset_{i,t-1}} + \varepsilon_{i,t}$$

$$(3-9)$$

$$EFR_{i,t} = (\Delta Ca_{i,t} - \Delta Cash_{i,t}) - (\Delta Cl_{i,t} - \Delta Cld_{i,t}) - Depn_{i,t}$$

$$\Delta Rev_{i,t} = Rev_{i,t} - Rev_{i,t-1}$$

$$\Delta Rec_{i,t} = Rec_{i,t} - Rec_{i,t-1}$$

其中，$EFR_{i,t}$表示上市公司 i 第 t 期的实际涉企收费率，我国会计处理中将"涉企收费"相关支出费用化计入当期损益，因此，$EFR_{i,t}$计算公式为：（销售、财务和管理费用、税金及附加中涉企收费金额）/营业收入；$\Delta Ca_{i,t}$，$\Delta Cl_{i,t}$，$\Delta Cld_{i,t}$，$\Delta Cash_{i,t}$分别表示的是 i 公司一年内"流动资产""流动负债""长期负债""现金及现金等价物"的增加额，$Depn_{i,t}$表示"折旧和摊销总成本"。$Asset_{i,t-1}$表示 i 第 t 期的"期初总资产"；$Ppe_{i,t}$表示 i 第 t 期期末的"固定资产原值"；$\Delta Rev_{i,t}$表示 i 公司的"营业收入"的增加额，$\Delta Rec_{i,t}$表示 i 公司的"应收账款"的增加额。

首先将 2012～2020 年 10 575 个样本分行业、分年度、分地区代入模型（3-9），估算系数 a_1、a_2、a_3，然后将计算结果代入模型（3-10），计算出"非操控性涉企收费缴纳额"NFeeavoid，即：

$$\frac{NFeeavoid_{i,t}}{Asset_{i,t-1}} = a_1 \frac{1}{Asset_{i,t-1}} + a_2 \frac{\Delta Rev_{i,t} - \Delta Rec_{i,t}}{Asset_{i,t-1}} + a_3 \frac{Ppe_{i,t}}{Asset_{i,t-1}}$$

$$(3-10)$$

其次量化企业"操控性涉企收费缴纳额"的绝对值 Feeavoid，即：

$$\text{Feeavoid} = \left| \frac{\text{EFR}_{i,t}}{\text{Asset}_{i,t-1}} - \frac{\text{NFeeavoid}_{i,t}}{\text{Asset}_{i,t-1}} \right|$$

2. 机构调研（VISIT）。关于机构调研变量，数据库中统计的机构调研系列活动包括"特定对象调研""投资者接待日活动""现场参观""分析师会议""一对一沟通"等，这些形式都是本书研究意义上的机构调研范畴。关于指标的量化，程等（Cheng et al，2016）在研究机构调研时，仅仅选取了机构调研次数，李春涛（2018）在分析中考量了公司被调研次数和参与调研的机构数量两个层面，但采用的是分别统计和回归。本书从 CSMAR、Wind 数据库和东方财富网收集公开披露的调研简报信息，从中统计出各公司每年接受机构调研次数以及参与调研的机构数量；然后在单次回归研究中同时引入机构调研次数和调研机构数量的数据，具体计量方式为（机构调研次数/调研机构数量＋1）再取自然对数，作为机构调研 VISIT 的量化值，该指标越低表示调研次数越少，即机构的调研参与度较低，该指标高指的是机构调研次数多，体现了机构对企业的调研热情。

四、实证结果分析

（一）描述性统计分析

表 3 - 13 统计了我国深交所上市公司的机构调研情况。从机构调研次数来看，2012 ~ 2020 年上市公司共接受调研 63 207 次，每年平均 7 023 次。从调研覆盖的上市公司数量来看，2012 ~ 2017 年是快速增长的 6 年，机构调研涉及深交所上市公司的数量由 768 家增加至 1 346 家，2018 ~ 2020 年调研企业数量稳定在 1 200 家左右，占全部上市公司的比例稳定在 50% 左右。从公司被调研的频率来看，上市公司平均接受调研的频次每年约为 5.97 次。因此，从调研次数、调研频率和覆盖上市公司数量来看，机构调研是我国资本

市场中普遍和频繁开展的活动。

表 3-13 公司调研情况统计

项目	2012 年	2013 年	2014 年	2015 年	2016 年	2017 年	2018 年	2019 年	2020 年
调研次数（次）	3 535	8 163	8 591	7 331	8 175	7 780	6 653	6 057	6 911
平均接受调研次数（次）	4.60	7.66	7.26	6.03	6.41	5.78	5.35	5.15	5.56
被调研公司数（个）	768	1 066	1 184	1 216	1 275	1 346	1 244	1 177	1 243
调研公司占比（%）	46.89	63.57	68.09	65.45	63.34	61.13	55.41	50.86	49.44
公布与调研时间间隔（天）	20.98	8.07	3.76	3.17	2.59	2.35	2.59	2.65	2.53

资料来源：相关数据基于笔者对 CSMAR 数据库的信息整理。

表 3-14 列示了主要变量的描述性统计。其中，避费程度 Feeavoid 的均值为 0.13，最小值接近为 0，最大值为 1.85，说明我国上市公司的避费情况存在较大差异。VISIT 为比值与对数化处理后的机构调研情况，由于筛选出的 1 175 家上市公司中有 324 家没有被投资机构调研（占比约为 27.57%），因此，VISIT 均值 0.17 大于中位数 0.11，均呈现右偏态分布。DUAL 的平均值为 0.24，说明我国上市公司中董事长与总经理的两职分离成为主流，ROA 平均为 4.51%，杠杆率的均值为 45.32%。

表 3-14 描述性统计

变量	观测值	最小值	最大值	平均数	中位数	标准偏差
Feeavoid	10 575	0.00	1.85	0.13	0.12	0.15
VISIT	10 575	0.00	1.00	0.17	0.11	0.23
SRCS	10 575	0.78	68.21	28.49	25.83	7.65
DUAL	10 575	0.00	1.00	0.24	0	0.43
INDEP	10 575	0.23	0.75	0.37	0.33	0.05
MANSHR	10 575	0.00	0.80	0.05	0.00005	0.12
BSIZE	10 575	1.10	2.90	2.14	2.20	0.21
CFO	10 575	-4.27	0.88	0.04	0.04	0.10
INSTSHR	10 575	0.00	36.52	4.65	3.25	3.80

续表

变量	观测值	最小值	最大值	平均数	中位数	标准偏差
SIZE	10 575	16.76	27.35	22.14	21.99	1.27
LEV	10 575	0.02	0.86	0.45	0.44	0.21
STATE	10 575	0.00	1.00	0.31	0.12	0.46
SEP	10 575	0.00	25.24	5.79	3.21	7.93
BIG4	10 575	0.00	1.00	0.05	0	0.21
ANALYST	10 575	0.00	65.00	7.17	4.00	8.89
BTM	10 575	0.01	1.43	0.51	0.49	0.24
RDD	10 575	0.00	1.00	0.81	1.00	0.39
IGR	10 575	-0.96	76.06	13.92	1.57	10.82
ROA	10 575	-0.184	0.231	0.045	0.043	0.065
TTEC	10 575	11.48	17.19	14.21	14.20	0.68

资料来源：Stata 的统计结果。

（二）多元线性回归分析

1. 机构调研与企业避费行为。表 3 - 15 分别是运用模型（3 - 6）和模型（3 - 7）对假设 H5 中"机构调研与避费行为关系"、假设 H6 中"降费政策与公司减负效应"的 OLS 回归结果，采用年度和公司双重 Cluster 对 T 值进行了调整（Petersen，2009）。因变量为 Feeavoid 时，变量 VISIT 系数为 -0.070 且在 5%的水平上显著为负（T = -2.507），说明机构调研行为与避费程度呈现负相关关系，即机构调研抑制了管理层的避费行为，维护了缴费领域的公平性，支持了假设 H5。因变量为 EFR 时变量 YEAR 系数为 0.032 且在 5%的水平上显著为正（T = -2.712），其中，2012～2015 年时 YEAR = 1、2016～2020 年时 YEAR = 0，表明随着时间推移，更为准确地说，在清单制实施（2015 年）后，企业的涉企收费负担显著降低，支持了假设 H6。回归方程的控制变量中 BSIZE、CFO、SIZE、BIG4 的系数显著为负，说明对避费行为有抑制效果，ROA 的系数显著为正，表明其在一定程度上提升了企业的避费行为。主要变量的方差膨胀因子 VIF 均小于 5，不存在多重共线性性问题。

表 3 – 15　　　　清单制减负效应与机构调研监督效应的回归结果

假设 H5				假设 H6			
项目	因变量：Feeavoid			项目	因变量：EFR		
	系数	T 值	VIF		系数	T 值	VIF
（常数）	0.705 ***	8.089	—	（常数）	0.621 ***	7.719	—
VISIT	− 0.070 **	− 2.507	1.615	VISIT	—	—	—
YEAR	0.014 *	2.035	2.351	YEAR	0.032 **	2.712	1.723
SRCS	0	− 1.66	1.236	SRCS	0	− 1.6	1.546
DUAL	0.045 **	2.16	1.73	DUAL	0.005	0.826	1.335
SIZE	− 0.012 ***	− 3.274	4.212	SIZE	− 0.029 ***	− 7.681	1.543
LEV	0.154 ***	11.369	1.614	LEV	0.090 ***	4.102	1.474
ROA	0.161 ***	10.397	1.06	ROA	0.255 ***	5.711	1.153
IGR	0	0.308	1.02	IGR	0.005 ***	9.655	1.071
SEP	0	− 0.295	1.243	SEP	0	− 0.295	1.504
STATE	− 0.007	− 0.948	2.061	STATE	− 0.025 **	2.774	1.423
INDEP	− 0.062	− 1.255	1.407	INDEP	− 0.037	− 1.546	1.813
MANSHR	− 0.025	− 1.031	1.607	MANSHR	—	—	—
SIZE	− 0.103 ***	− 7.403	1.608	BSIZE	—	—	—
CFO	− 0.184 ***	− 7.432	1.09	CFO	—	—	—
INSTSHR	− 0.001	− 1.456	1.194	INSTSHR	—	—	—
BIG4	− 0.025 **	− 2.13	1.159	BIG4	—	—	—
ANALYST	0.001	1.894	1.826	ANALYST	—	—	—
BTM	− 0.082	− 5.027	3.03	BTM	—	—	—
RDD	0.003	0.503	1.06	RDD	—	—	—
TTEC	− 0.007	− 1.723	1.454	TTEC	—	—	—
行业/地区	控制			行业/地区	控制		
观测值	10 575			观测值	10 575		
Adj-R^2	0.169			Adj-R^2	0.193		
DW	1.947			DW	1.982		
F	27.928			F	28.764		

注：* 表示 $p < 0.05$，** 表示 $p < 0.01$，*** 表示 $p < 0.001$。

资料来源：Stata 的回归结果。

2. 清单制对机构调研的调节效应。表 3 - 16 是假设 H7 "清单制调节了机构调研与避费行为之间负相关关系"相关变量的回归结果，VISIT 系数为 - 0.617，在 5% 的水平上显著为负（T = - 2.976），再次验证了机构调研活动能够约束管理层因自利而实施的避费行为，VISIT × YEAR 的系数为 - 0.036，在 5% 的水平上且也显著为负，表明清单制的实施强化了机构调研与公司避费行为的负相关关系，即清单制实施后单次机构调研能够发挥更为显著的监督效应，调研能够更好地抑制管理层的避费行为，验证了假设 H6。并且主要变量的方差膨胀因子 VIF 均小于 10，说明不存在多重共性性问题。

表 3 - 16　　　　　　清单制、机构调研与避费行为的回归结果

项目	假设 H6		
	系数	T 值	VIF
（常数）	0.690 ***	7.925	—
VISIT	- 0.617 **	- 2.976	2.108
YEAR	0.032 **	2.712	2.351
VISIT × YEAR	- 0.036 **	- 2.583	- 3.315
SRCS	0.000	- 1.638	1.237
DUAL	0.006	0.976	1.338
INDEP	- 0.060	- 1.216	1.407
MANSHR	- 0.023	- 0.940	1.629
BSIZE	- 0.102 ***	- 7.340	1.609
CFO	- 0.188 ***	- 7.592	1.093
INSTSHR	- 0.001	- 1.397	1.198
SIZE	- 0.012 **	- 3.159	4.216
LEV	0.152 ***	11.201	1.617
STATE	- 0.006	- 0.870	2.061

续表

项目	假设 H6		
	系数	T 值	VIF
SEP	0.000	-0.343	1.244
BIG4	-0.024 *	-2.032	1.162
ANALYST	0.001	2.255	1.878
BTM	-0.084 ***	-5.142	3.039
RDD	0.003	0.426	1.061
IGR	0.000	-0.292	1.020
ROA	0.161 ***	10.420	1.060
TTEC	-0.007	-1.611	1.456
年份/行业/地区	控制		
观测值	10 575		
Adj-R^2	0.172		
DW	1.948		
F	26.604		

注: * 表示 $p < 0.05$, ** 表示 $p < 0.01$, *** 表示 $p < 0.001$。
资料来源: Stata 的回归结果。

(三) 进一步研究与稳健性检验

1. 进一步研究。

(1) 股权性质异质性下的机构调研与企业避费行为关系。在我国的制度背景下, 股权性质一直是国内公司治理研究的核心选题 (吴联生, 2009)。国有上市公司在获取资源等方面具备天然优势, 特殊的薪酬体系与较小的融资约束, 弱化了避费行为动机, 李延喜等 (2015) 认为, 不同的产权性质还会影响外部治理效应的发挥。为了研究不同股权性质公司中, 机构调研对避费行为的影响差异, 将上市公司分为国有性质与非国有性质两组样本, 回归结果如表 3 - 17 所示。

· 121 ·

表 3 – 17　　　　　　　　不同股权性质下机构调研与避费行为

项目	非国企			国企		
	系数	t 值	VIF	系数	t 值	VIF
（常数）	1.406 ***	9.787	—	0.146	1.426	—
VISIT	−0.116 **	−2.936	1.241	0.012	0.304	1.015
SRCS	0	−0.271	1.382	0	−1.489	1.263
DUAL	0.007	0.807	1.328	−0.011	−1.239	1.048
SIZE	−0.028 ***	−4.8	3.228	−0.001	−0.299	4.616
LEV	0.211 ***	10.572	1.428	0.080 ***	4.463	1.678
ROA	0.144 ***	8.063	1.049	0.191 ***	4.059	1.438
IGR	0.002 ***	4.687	1.033	0	−0.203	1.033
SEP	0	0.318	1.435	0	0.41	1.16
STATE	−0.011	−1.152	1.873	−0.008	−1.052	1.763
INDEP	−0.275 ***	−3.494	1.611	0.02	0.342	1.309
MANSHR	−0.002	−0.083	1.708	0.183	0.584	1.126
BSIZE	−0.166 ***	−7.618	1.688	−0.049 **	−2.956	1.426
CFO	−0.173 ***	−3.987	1.123	−0.196 ***	−7.07	1.212
INSTSHR	−0.001	−0.63	1.228	−0.001	−1.947	1.192
BIG4	−0.038	−1.593	1.122	−0.003	−0.221	1.246
ANALYST	0	0.864	1.844	0.001	2.296	2.002
BTM	−0.087 ***	−3.557	2.674	−0.067 **	−3.167	2.986
RDD	0.004	0.505	1.051	−0.004	−0.5	1.072
TTEC	−0.013 *	−2.218	1.501	0.004	0.688	1.561
年份/行业/地区	控制			控制		
观测值	10 575			10 575		
Adj-R^2	0.21			0.15		
DW	2.009			1.88		
F	20.604			11.535		

注：* 表示 $p < 0.05$，** 表示 $p < 0.01$，*** 表示 $p < 0.001$。
资料来源：Stata 的回归结果。

在非国有企业样本中，变量 VISIT 系数为 -0.116，在 5% 的水平上显著为负（T = -2.936），并且相关系数绝对值和变量显著性水平均高于全样本的回归结果，表明机构调研对非国有企业的避费行为发挥了更为显著的抑制作用，更有助于实现涉企收费负担的公平性。主要变量的方差膨胀因子 VIF 均小于 10，不存在多重共线性问题。这一回归结果既支持了谭劲松和林雨晨（2016）提出的机构调研对非国有企业能够发挥积极外部治理效应的结论，同时也验证了业绩激励与短期收益等因素导致民营企业内部的避费行为动机更为强烈。

而在国有企业样本中，变量 VISIT 的回归结果不显著，即机构调研对国有企业的避费行为没有显著影响。主要原因可能有以下两点：从行为监督角度分析，国有企业的股权结构、董事会设置和经理激励政策导致其委托代理问题更为突出，内部治理机制都难以发挥治理作用的情况下机构调研产生的外部治理效应将大打折扣。从个人获利角度分析，国有企业高管可以通过在职消费和政治晋升等方式实现个人利益最大化，避费收益对国有企业管理层行为选择的作用相对有限。此外，国有企业在诸多方面存在优先待遇，例如，政府有动力帮助国有企业，包括从财务融资方面给予更多的政府性支持。国有企业在银行贷款方面享有优惠待遇，证券市场监管层出于社会效益和政治考虑通常会给予国有企业上市优先权。国有企业的优先级待遇使企业管理层对机构调研持中性态度，不会过分迎合和关注。因此，国有企业样本中机构调研对管理层避费行为不存在显著的抑制作用。

（2）清单制的调节效应。在非国有企业样本中，进一步研究了清单制对二者关系的调节效应。回归结果如表 3 - 18 所示。GE_1 的系数为 0.231 且在 1% 水平上显著为正（T = 3.147），而 $GE_1 \times YEAR$ 的系数为 .034 且在 1% 的水平上显著为正，且相关回归结果的系数和显著性水平都高于全样本的回归结果，表明在非国有企业中，清单制的实施对机构调研与管理层避费行为的监督与抑制作用更显著。

表 3 - 18 　　　　　　　　清单制、机构调研与企业避费行为

项目	Sample 非国有企业		
	系数	t 值	VIF
（常数）	1. 379 ***	9. 611	
VISIT	- 0. 840 **	- 3. 120	2. 115
YEAR	- 0. 004 *	- 2. 468	3. 584
VISIT × YEAR	0. 121 **	3. 049	3. 324
SRCS	0. 000	- 0. 129	1. 389
DUAL	0. 008	0. 953	1. 331
INDEP	- 0. 263 **	- 3. 315	1. 613
MANSHR	- 0. 001	- 0. 022	1. 725
BSIZE	- 0. 162 ***	- 7. 422	1. 693
CFO	- 0. 182 ***	- 4. 196	1. 129
INSTSHR	0. 001	- 0. 469	1. 234
SIZE	- 0. 027 ***	- 4. 698	3. 231
LEV	0. 206 ***	10. 317	1. 436
STATE	0. 013	0. 498	1. 044
SEP	0. 000	0. 210	1. 436
BIG4	- 0. 037	- 1. 564	1. 127
ANALYST	0. 001	1. 295	1. 921
BTM	- 0. 090 ***	- 3. 552	2. 678
RDD	0. 004	0. 446	1. 053
IGR	0. 002 ***	4. 868	1. 038
ROA	0. 144 ***	8. 081	1. 049
TTEC	- 0. 013 *	- 2. 182	1. 502
年份/行业/地区	控制		
观测值	10 575		
Adj-R^2	0. 214		
DW	2. 013		
F	19. 602		

注：* 表示 $p < 0.05$，** 表示 $p < 0.01$，*** 表示 $p < 0.001$。

资料来源：Stata 的回归结果。

2. 稳健性检验。

稳健性检验采取的是替换变量和改变研究样本两种形式。首先，替换避费行为的量化方式，采用（样本企业 EFR—行业平均 EFR）后再取自然对数，并适当改变部分控制变量。其次，扩充研究样本：虽然上交所对投资者关系活动信息的公示没有强制性规定，上交所公司中披露调研信息的公司数量和被调研次数都较低，并且上交所现有政策下公司调研信息的披露行为可能存在自选择问题，但在稳健性检验中为了验证实证结果的有效性，本书将研究样本扩展至沪深两市上市的所有公司。完成上述替换后将数据重新带入回归方程中进行稳健性测试，VISIT、YEAR、VISIT × YEAR 等相关解释变量的系数均在 5% 或 1% 的水平上显著，并且系数的正负方向与原结果维持一致。即假设 H5、假设 H6 和假设 H7 的结论依然成立。受篇幅所限，不再列示。

五、结论与启示

减税降费政策体现了外部减负的普惠性，避费行为代表了企业内部进一步降低费用负担的利益诉求。在对 2012 ~ 2020 年 1 175 家上市公司 10 575 个样本的实证研究后，得出以下三点结论。首先，总体而言减税降费政策得到了有效落实，清单制实施后企业的涉企收费负担显著降低，实现了降费政策的普惠性。其次，调研通过抑制避费行为有助于企业间涉企收费负担的公平性。这验证了调研机构真实的信息需求、专业的财务金融知识，提升了管理层避费行为被识别概率，增大了自利行为的机会成本。这也支持了"明星光环效应"和"理性迎合渠道理论"对于管理层保持诚实缴费正面形象的动机解释。最后，将清单制作为调节变量，回归结果表明其增强了机构调研与避费行为的负相关关系。这验证了清单制的实施削弱了投资者与企业之间的信息不对称，帮助资本市场了解公司的真实经营状况，有助于调研活动的有效开展以及信息的高质量披露，提升单次调研所能发挥的监督效力。在进一步研究中按照股权性质将上市公司分为国有企业和非国有企业样本组，结果表明，在非国有企业中机构调研对管理层避费行为的抑制作用、清单制对机构调研与企业避费行为关系的强化作用皆更为显著；而国有企业接受机构调研对自身的行为策略没有显著影响，验证了在诸多领域享有的优先级待遇以及特殊的薪资激励制度使国有企业管理层对机构调研行为持中性态度，不会过分迎合市场投资者的信息偏好。

政策启示在于引导投资者理性调研活动，健全调研信息披露规范。平衡"减税降费"政策和"财政减收"现状，兼顾减负政策的普惠性与公平性，需要增加政策灵活度。机构调研应该得到更多的关注与认可，适度的机构调研、高质量的调研信息披露能够弥合个体与机构投资者、企业内外部之间的信息鸿沟，发挥外部监督效应。并且机构调研这类投资者关系活动是市场行为，政府可以借鉴涉企费中经营服务性收费在定价与征收中引入的市场机制，积极鼓励资本市场中有能力和有条件的投资者积极参与上市公司调研活动，形成民间监管体系。此外，应对调研信息的披露机制予以完善，深交所虽然此前已经颁布了信息披露指引，上市公司调研信息披露的时效性大为改观，但是依然存在披露信息雷同化和格式化的问题。应进一步完善调研信息披露完整性和丰富性层面的规章制度，防范上市公司的选择性信息披露行为，约束上市公司的避费行为，保证市场主体间涉企收费负担的公平性。

第四节　地方营商环境与涉企收费减负效应

自中央经济工作会议提出要坚持供给侧结构性改革以来，优化营商环境的已成为政策主线，《国务院政府工作报告》中多次提及改善营商环境。从2018年5月17日制定公布的《国务院办公厅关于进一步压缩企业开办时间的意见》，到2018年11月8日发布的《国务院办公厅关于聚焦企业关切进一步推动优化营商环境政策落实的通知》，一年内国务院连续出台五个相关文件，可以看出中央的改革决心。2019 年 10 月，国务院颁布了《优化营商环境条例》，既填补国内营商环境的立法空白，也为优化营商环境提供了强有力的法律制度保障。在世界银行发布的《2019 年营商环境报告》中，我国营商环境跃居全球 190 个经济体的第 31 位，比 2013 年累计提升了 65 位。各地积极响应中央号召，广州市于 2015 年制定了《广州市建设市场化法治化营商环境的三年行动方案》，提出要打造国内最佳营商环境城市的目标，上海市作为区域发展"领头羊"在 2017 年提出对标最高标准，打造一流国际营商环境。为应对"投资不过山海关"的现实困境，破解经济发展难题，2016 年辽宁省制定了《辽宁省优化营商环境条例》，同时组建了辽宁省营商环境建设监督局，以此来整治和优化营商环境。总体来说，近些年国内整体营商环境已大幅改善。2018 年国家发改委组织相关部门从城市发展质量水平、城市吸引投资能力、企业全生命周期三个维度，构建营商环境评价体系，22 个城市的评价结果表明，国内不同城市的营商环境仍然存在较大地区性差异。与优化营商环境同步开展的还有减税降费，为进一步激发市场主体活力和降低企业经营成本，中央和地方政府密集出台了一系列减负政策。在政策法规支持下，我国减税降费成绩斐然。

本节内容结合收费清单制，研究营商环境与企业减负效应间的关系，旨在为客观评价减税降费政策对营商环境改善效果的影响提供理论检验依据。研究发现，推动降费政策，有助于为企业减负，优化地方营商环境。而清单制削弱了各地降费效果不同引发的营商环境地区性差异，即清单制政策有助于实现营商环境整体性优化。这对其他行政发包特征下的简政放权改革具有借鉴价值。

一、文献评述

2003 年世界银行"Doing Business"的项目调查中首次出现"营商环境"一词。国内外关于地方营商环境的文献大多是研究其对企业经营活动的影响机制。苏珊塔·马利克（Sushanta Mallick，2011）统计了 31 个国家的出口和生产率数据，基于出口学习假设和萃取分析法，研究发现，良好的营商环境有利于实现更低的相对价格和更高的出口规模，并且有利于企业度过宏观经济危机期。普拉约戈（Prajogo，2016）以澳大利亚 208 家制造公司为样本，研究结果表明，营商环境对工艺水平和产品业绩存在促进作用。随着 20世纪 90 年代境外资本大量进入，国内也逐渐开展对营商环境的探究，并从外国直接投资（FDI）决策的影响因素研究扩展到对营商环境的整体研究。许可和王瑛（2014）依据世界银行发布的 2012 年中国 2 700 家企业统计数据，分析了后金融危机时代营商环境对企业发展的作用，发现税率负担等营商环境因素与企业经营业绩存在显著正相关关系。徐曼东和崔日明（2015）以 2006～2013 年山东 17 个地级市数据为研究样本，研究营商环境对企业数量规模的影响，研究结果表明，政府服务水平与中小型企业数量呈现出显著的正相关关系。周超等（2017）通过分析 2007～2014 年中国对外投资数据，发现良好的营商环境能够促进对外投资的增长。魏陆（2018）、武靖州（2017）则分别以上海和东北地区为例，从提升行政透明度、提高行政效率以及降低行政税费等方面，提出改善地区营商环境的政策建议。卢万青和陈万灵（2018）的实证研究结果表明，营商环境能够从促进企业创新和降低生产成本两个方面推进我国经济比较优势的变化和转型升级。夏后学等（2019）基于"二值选择模型"计量分析，发现营商环境对促进企业创新行为存在积极作用。

关于涉企收费负担水平的量化方式，已有文献筛选部分涉企收费项目的金额作为代表。吴珊和李青（2017）在比较研究国内外宏观税负时，以行政事业性收费金额表征上市公司的整体收费负担状况。王美今等（2010）在研究国内宏观税负中涉企收费时，也采用以部分项目金额代替整体的做法。此类量化方法是对数据可得性的妥协，其弊端在于缺乏充分的代表性，除了被学者广泛提及和使用的行政事业性收费，政府性基金是国内涉企收费收缴总额最大的项目，占据"半壁江山"，经营服务性收费是涉企收费中的项目数量最多的项目。为了保证研究结果的真实可靠性，涉企收费的三大基本项目缺一不可。

以往研究基于理论分析和政策解读等规范研究角度研究涉企收费负担，鲜有实证研究的重要原因是涉企收费金额存在较大的获取难度。本书从管理费用、销售费用、税金及附加的附注信息中检索汇总计算各个上市公司的涉企收费整体金额，为相关领域的研究提供了新方法。实证研究结果验证了涉企收费清单制对于企业减负效应与地方政商关系的弱化作用，即清单制的实施能够加快涉企收费清理工作的整体实施进度，极大地提升地方营商环境。因此，政务信息的强制公开对于提升各地政府工作绩效具有重要意义。

二、理论分析与假设提出

（一）企业减负效应与地方营商环境

营商环境通常意义上是一种软环境，世界银行将其定义为企业在申请开立、纳税、贸易活动、生产经营等方面遵循法律法规需要花费的时间和物质成本的总和，涉及经济、社会以及对外开放领域变革的系统性工程。国内学者一般将营商环境界定为区域内市场经营主体需要应对的市场环境、政务环境、基础设施、社会环境等因素组成的外部发展环境。国务院在《优化营商环境条例》中提出其是企业和其他市场主体在经济活动中涉及的体制机制性条件和因素。通过分析和总结北京、上海等地区的改革经验，良好的营商环境应该包括以下三点。精准改革，率先推进地方改革，率先制定优化营商环境的改革方案；精细落实，成立由地方领导负责的督查组，对营商环境的政策落实情况进行定期专项检查；精心服务，围绕优化营商环境，建立面向企业和联系企业的服务机制。良好的营商环境表明政府职能核心是以市场主体需求为基本导向，将降低企业经营负担的工作置于优化营商环境层面，能从改善企业经营环境考虑，切实执行中央政策要求。

2019 年 4 月 29 日，国务院减轻企业负担联席会议发布了《2019 年全国减轻企业负担工作实施方案》，提出要通过更显著的降费举措来进一步优化国内营商环境。各省份基于优化营商环境的总目标，相继召开了多种形式的"降费"专题会议。营商环境良好的地区，地方政府在面对上级减费规定时能更多地从改善企业经营环境考虑，切实执行中央政策要求，更多地发挥"帮助之手"而非"攫取之手"。另外，我国涉企收费管理体制存在"行政发包"的特征，如何实现各个部门间的高效沟通，如何在裁减过程中平衡不同职能部门的利益诉求，如何在短时间内统一地清理涉企收费项目，将对地方政府工作提出考验。良好的营商环境除了表明地方政府有积极的服务意愿，更加体现出其具备足够的服务能力，更有可能在较短时间内实现涉企收费的实质性降低。据此提出假设 H8。

H8：降费政策对于优化营商环境具有促进作用，企业减负越显著，营商环境越好。

（二）收费清单制、企业减负效应与地方营商环境

为尽快实现清费举措的实效性和制度性，帮助企业"懂费"和享实惠。国务院于 2017 年初提出各地政府必须在年底前完成涉企收费清单公示，这种带有"截止日期"的强制性规定将对降费工作产生强大的推动力。多重委托代理理论认为，随着委托代理链条的延长，链条末端代理人需要执行更多的任务，受限于人力和财力产生任务冲突的可能性也更大，选择性执行成为最优策略。我国地方政府处于链条末端，既要制定地方政策，又要执行中央政策。多个任务同时履行时，将更为急切的"降费工作"置于较高优先级成为更可能的选择。并且强制披露涉企收费清单的规定，将不同地区的收费标准和收费项目公之于众，这种政务信息公开的方式有助于实现社会监督和政府履职绩效考核。因此，涉企收费清单制的实施对于地方政府发挥了正向激励。地方政府愿意通过人员和资源配置的倾斜，投入更大的精力和时间，以保障降费政策尽快落实。故提出假设 H9。

H9：收费清单制削弱了企业减负效应与营商环境的相关关系，有助于进一步发挥降费政策对营商环境的积极作用。

三、研究设计

（一）数据来源与样本选取

为了检验涉企收费清单制、地方营商环境与企业减负效应之间的关系，选取了 2013～2014 年（清单制实施前两年平均值）和 2016～2017 年（清单制实施后两年平均值）的 A 股上市公司。并对研究样本作出以下处理：按照研究惯例剔除了金融类上市公司；剔除实际涉企收费率为负的样本，此时公式计算的实际涉企收费率表示的含义不同；剔除了 ST 以及 *ST 公司；对连续变量予以 1% 分位数的 Winsorize 缩尾处理。最终筛选出上市公司样本 3 642家，主要数据来源 Wind 数据库和 CSMAR 数据库。

（二）主要变量说明

1. 地方营商环境。关于地方营商环境的量化，主要参考的是由中国经济传媒协会、中国战略文化促进会、万博新经济研究院等发布的《中国营商环境指数评价报告》，以及中山大学"深化商事制度改革研究"课题组发布的《全国各省份的营商环境排名》，数据选取的时间跨度为 2013～2017 年。为方便回归关系的计量分析，将"营商环境指数"取对数得出"我国境内营商环境标准化得分"，如表 3－19 所示。

表 3－19　我国境内营商环境标准化分值

排名	省份	营商环境指数	标准化得分	排名	省份	营商环境指数	标准化得分
1	北京	78.81	4.35	5	广东	70.08	4.25
2	上海	78.31	4.34	6	山东	65.5	4.18
3	江苏	75.68	4.33	7	天津	62.39	4.13
4	浙江	74.53	4.31	8	福建	59.59	4.09

续表

排名	省份	营商环境指数	标准化得分	排名	省份	营商环境指数	标准化得分
9	辽宁	55.22	4.01	21	海南	35.53	3.56
10	湖北	54.56	4.00	22	山西	27.55	3.31
11	安徽	49.42	3.90	23	广西	27.15	3.30
12	河北	47.55	3.87	24	云南	26.15	3.27
13	陕西	47.46	3.86	25	贵州	25.74	3.25
14	四川	47.37	3.86	26	内蒙古	25.21	3.22
15	湖南	44.19	3.79	27	宁夏	25.76	3.25
16	重庆	43.9	3.78	28	新疆	23.47	3.16
17	河南	42.32	3.75	29	甘肃	22.41	3.12
18	江西	37.51	3.63	30	青海	21.94	3.10
19	黑龙江	36.94	3.61	31	西藏	20.78	3.01
20	吉林	35.91	3.58	均值		44.80	3.72

资料来源：基于《中国营商环境指数评价报告》与《全国各省份的营商环境排名》指数的标准值得到。

2. 企业收费负担。我国现行会计准则中并没有要求企业单独设置"涉企收费"账户，相关支出费用化后分散计入当期损益，这无形中增加了涉企收费金额的获取难度。本书的量化方式为检索 CSMAR 数据库，批量导出财务报告中"财务费用""管理费用""销售费用"的附注信息，手工筛选明细科目中涉企收费相关的金额。

（三）模型设计

为了检验假设 H8，研究企业减负效应与地方营商环境，构建回归模型，即：

$$GE = \alpha_0 + \alpha_1 EFR + \alpha_2 YEAR + \alpha_3 LEV + \alpha_4 SIZE + \alpha_5 DUAL$$
$$+ \alpha_6 NE + \alpha_7 IGR + \alpha_8 IND + \varepsilon_1 \qquad (3-11)$$

为了检验假设 H9，研究涉企收费清单制对企业减负与营商环境相关关系的调节效应，构建回归模型，即：

$$GE = \beta_0 + \beta_1 YEAR + \beta_2 EFR + \beta_3 YEAR \times EFR + \beta_4 LEV + \beta_5 SIZE$$

$$+ \beta_6 DUAL + \beta_7 NE + \beta_8 IGR + \beta_9 IND + \varepsilon_2 \qquad (3-12)$$

其中，GE 为地方营商环境，EFR 为实际涉企收费率，衡量的是上市公司涉企收费负担水平，计算公式为：（三个期间费用、税金及附加中涉企收费金额）/营业收入。YEAR 为样本年度，因为 2015 年正式实施涉企收费清单制，为了对比政策实施前后的降费效果差异，将 2016~2017 年的均值 YEAR 设置为基准年，YEAR 赋值为 1，2013~2014 年的均值 YEAR 赋值为 0。此外选取了公司规模 SIZE、营业收入增长率 IGR、资产负债率 LEV、股权性质 NE、两职合一 DUAL、行业类别 IND 等控制变量。

四、实证结果分析

（一）描述性统计

实际涉企收费率（EFR）最小值为 0.0001，最大值为 5.2304，均值为 0.0293，说明上市公司之间单位营业收入需要缴纳的涉企收费金额存在个体差异；GE 的最小值为 3.01，最大值为 4.35，均值为 3.971，说明"地方营商环境优异"省份的上市公司数量远超全部 A 股总规模的 50%，这在一定程度上验证了营商环境对地方经济政策和企业经营状况的潜在影响（见表 3-20）。

表 3-20　　　　　　　　　　描述性统计

变量	N	最小值	最大值	平均数	标准偏差
GE	3 642	3.01	4.35	3.971	0.2103
EFR	3 642	0.0001	5.2304	0.0293	0.1437
LEV	3 642	0.0156	0.9997	0.4538	0.3452
GFA	3 642	-0.9992	39.0182	0.5251	2.7614
SIZE	3 642	17.3882	27.421	21.0852	1.4211
ROA	3 642	-0.8583	0.5385	0.0325	0.1093

续表

变量	N	最小值	最大值	平均数	标准偏差
DUAL	3 642	0	1	0.3413	0.5042
NE	3 642	0	1	0.48011	0.3712
IGR	3 642	-1.8105	48.7253	6.9312	5.8017

资料来源：Stata 的统计结果。

（二）回归分析结果

1. 企业减负效应与地方营商环境。模型（3-11）检验了企业实际收费负担率 Efr 对地方营商环境的影响，回归结果如表3-21所示。主要变量没有多重共线性问题（方差膨胀因子 VIF 小于5），模型拟合度较高（R^2 为0.247）。企业实际收费负担率 Efr 在1%的水平上显著为负，估计系数为-1.254，表明企业实际收费负担率越低的地方，营商环境越好，即降费政策对于营商环境具有积极作用，并且验证了假设 H8。

表3-21　　　　　　　企业减负效应与地方营商环境的回归结果

项目	系数	T 值	VIF
EFR	-1.254***	-6.301	1.761
GFA	0.053***	6.147	1.218
SIZE	-0.021***	-5.104	1.725
LEV	0.092***	4.711	1.402
ROA	0.305***	5.062	1.437
DUAL	0.061***	4.809	1.135
IGR	0.057***	8.526	1.054
NE	0.033**	2.801	1.021
行业	已控制		
年份	已控制		
N	3 642		
R^2	0.247		

注：* 表示 $p<0.05$，** 表示 $p<0.01$，*** 表示 $p<0.001$。

资料来源：Stata 的回归结果。

2. 清单制对企业减负效应与地方营商环境关系影响的多元回归分析。模型（3－12）检验了实施涉企收费清单制带来的调节效应，回归结果如表3－22所示。主要变量没有多重共线性问题（方差膨胀因子VIF小于5），模型拟合度较高（R^2为0.63）。EFR系数显著为负，而EFR×YEAR在1%的水平上显著为正，系数为0.143，说明清单制削弱了涉企收费负担率与地方营商环境的相关关系，涉企收费清单制的实施削弱了企业减负效应与地方营商环境的正相关关系。结合YEAR系数显著为负，表明清单制对于整体提升各个地区营商环境具有积极作用，支持假设H9。

表3－22　　　　清单制、企业减负效应与地方营商环境的回归结果

项目	系数	T值	VIF
EFR	－ 0.921 ***	－ 5.703	1.612
EFR × YEAR	0.143 **	2.811	1.865
YEAR	－ 0.072 **	－ 2.715	1.802
GFA	0.051 ***	7.528	1.231
SIZE	－ 0.045 ***	－ 6.805	1.607
LEV	0.103 ***	4.082	1.608
ROA	0.387 ***	5.324	1.522
DUAL	0.055 ***	4.028	1.873
IGR	0.046 ***	7.125	1.204
NE	0.022 **	2.508	1.015
行业	已控制		
N	3 642		
R^2	0.263		

注：＊表示 $p < 0.05$，＊＊表示 $p < 0.01$，＊＊＊表示 $p < 0.001$。
资料来源：Stata 的回归结果。

五、结论与启示

基于涉企收费清单制实施前、后共 4 年的上市公司样本，实证分析了企

业减负效应与地方营商环境的关系，并在此基础上检验了清单制政策的调节作用。研究结论概括如下：第一，企业减负效应与地方营商环境存在显著正相关关系，降费政策实施越有效的地区，营商环境越好；第二，涉企收费清单制变量和地方营商环境变量交互项的正负性结果表明，收费清单制政策减弱了企业减负效应差异产生的营商环境地区异质性，即清单制对于提升整体营商环境具有积极作用。基于研究结果的政策启示主要有以下两点。

（一）通过更为显著的降费政策，持续优化营商环境

降费政策能够提升企业的经营意愿和满意度，改善营商环境。因此，各地政府在坚持供给侧改革主线的同时，要协同推进减税降费与"放管服"改革，抓好降费工作，切实降低企业交易成本以及其他隐性经营负担。通过不断提升市场主体尤其是中小微企业的政策获得感，为优化营商环境发挥推动作用。

（二）通过政府信息公开机制，倒逼改革政策的加速落实

涉企收费领域清单制政策削弱了各地减负效应参差不齐引发的营商环境差异，实现了更为广泛的优化营商环境目标。推而广之，我国其他具备行政发包管理特征的政务领域同样可以借鉴清单制度，通过政府信息强制公开，例如，政策落实结果定期公示，实现社会监督与业绩考核的透明化和公开化，推进中央各项政策在全国范围内的顺利执行。

第五节　经济增长、财政压力
与涉企收费减负效应

为了应对新冠肺炎疫情与逆全球化暗流的不利因素，适应全球减税降费新形势，政府推出了一系列降费减负政策，促进经济发展"换挡"提速。

2017 年 9 月国家发改委修订颁布《政府制定价格行为规则》，2018 年 7 月国家发改委、财政部出台《行政事业性收费标准管理办法》，2020 年 12 月国家发改委调整公示《政府定价的经营服务性收费目录清单》，"十三五"期间全国累计减税降费超过 7.6 万亿元，且降费规模呈逐年扩大的趋势，2014 年以来涉企收费征收总额的增长率一直低于同期国内生产总值（GDP）。《2022 年国务院政府工作报告》中继续提出创新组合式税费支持政策，夯实经济稳定运行的基础。那么我国大规模降费政策对经济增长是否真正起到了促进作用？

降费政策改变了地方政府非税收支的结构与规模，各级财政压力陡增。中国财政科学研究院专题调研组对浙江省、海南省、四川省的实地调研结果显示，受减税降费和经济下行的影响，即便经济表现较好的省份也面临地方财政收支失衡问题。

涉企收费水平是企业经营负担的外在表现，是政府财政收入的有机组成部分，其重要性体现在两个方面，首先是调节经济增长不可或缺的因素，作为基础性财政政策，降低涉企费用能直观加快企业税后利润积累，对于资金纾困、激发市场经营积极性、提速市场要素流动将产生实质性助益；其次涉企收费是国家财政收入的重要补充，为政府持续提供公共服务、履行基本公共职能的物质保障。降费政策效果、经济增长以及财政压力的评估，对于我国是否应该坚持以进一步大规模降费和降费政策优化都有着非常积极意义。本书的行文逻辑为以省级财政面板数据和 A 股上市公司样本，基于固定效应模型检验了降费政策、经济增长和财政压力的作用机制。研究发现：第一，降费政策的收入效应促进了全国经济平稳运行，替代效应致使地域性差异显著，降低涉企收费在东部和中部地区提振了经济增长，但在东北与西部地区却呈现经济增速抑制作用；第二，短期视阈下降费政策挤出效应强于增长效应的现状制约了财政收入增长，加剧了支出刚性的地方财政赤字。因此，应充分考虑区域发展阶段异质性，适当授权地方政府实施差异化降费政策，规范转移支付与再分配制度，以夯实基层可支配财力，兼顾经济增长目标和财政收支稳定。主要边际贡献有两点：第一，更为全面的计量模型，借鉴固定效应模型量化涉企收费与经济增长间的关系，检验降费政策的经济增长效应。第二，更为普适性的数据样本，通过收集与整理统计年鉴、第三方数据库、新闻报道的相关内容，获得 2011～2020 年 29 个省份的面板数据，计量降费政策对地方财政状况的影响，分析减税降费的财政收入效应。通过系统化定量分析结论，为减税降费政策从碎片化向制度化转变，实现减负政策赋能经济长期高质量发展提供数据支持。

一、理论机理

本书研究降费政策与经济增长的相关性，主要分析的是涉企收费负担对于经济运行的作用机理。西方经济学中存在许多税费相关的学术流派，并形成了较为丰富的逻辑体系，运用这些理论分析我国实际情况，可以更好地解答降费如何促进我国经济增长的问题。

(一) 凯恩斯主义需求理论

20 世纪 30 年代的经济大萧条后，英国经济学家凯恩斯批判了萨伊定律，并提出了总需求不足才是经济危机首要原因的观点。而这个总需求是指当商品的总供求达到平衡时的总需求，也被他认为是有效需求。经过长时间的演变，凯恩斯所提出的观点渐渐发展成为一个学派，即凯恩斯主义需求理论学派，该学派认为，如果政府降低了现有税收，这将会使纳税人的可支配收入增加，在这个基础上，全社会的消费水平和投资需求就会因此被提高，再加上收入和投资乘数会扩大减税带来的效应，在此影响下最终会促进就业并加快经济增长。这种将需求管理理论和乘数理论相结合的理论，从宏观角度分析了税负对经济的调节作用，为减税理论研究提供了新平台的同时也打破了一直以来传统古典学派所提倡的减少政府干预的理念。

　　凯恩斯需求管理理论认为，从短期来看，要想维持经济平稳增长，政府应该采取扩大总需求的扩张型政策以平衡总供求；而如果将眼光放向长远，要想使经济增长具有可持续性，简单地采用扩大总需求的方法显得力不从心，还是需推动结构调整，用创新引领发展。但毋庸置疑的是，根据凯恩斯需求理论，为了促进经济发展，政府应该积极干预，通过运用财政、税收和货币政策解决市场需求的问题。而税费政策作为宏观调控的重要手段，更应该担起稳定经济又好又快发展的重任，这就意味着在经济发展不稳定时，政府应积极调整税收负担以提振经济发展。

　　1. "有效需求"的内涵。西方经济学家普遍认为，凯恩斯理论最大的贡献在于提出了"有效需求"原理。克莱因指出，有效需求原理的提出是一场经济学革命。

　　从微观和宏观两个层次考察有效需求的内涵，微观上有效需求通常指有支付能力或购买能力的需求；宏观上有效需求通常指与社会总供给一致的社会总需求水平，为社会总需求曲线和总供给曲线的交点决定了社会均衡的就业量，只有这样才能算作"有效"的需求。凯恩斯经济学所讲的有效需求就是从宏观层面来讲的。在《通论》中凯恩斯定义了总需求，"由某特定就业量所产生的总所得，为该就业量之收益。在雇主心目中，每一就业量有一最低预期收益，若低于此数，便不值得提供该就业量；此最低预期收益，可称为该就业量所产产物之总供给价格"。

　　凯恩斯认为，企业所提供就业量的总收入就是要素成本与利润之和，而利润最大化原则决定了企业家提供就业量的多少。对企业来说，既定就业量所产生的总收入可被称为该就业量的收益。另外，在一定就业量下产出的总供给价格恰好等于企业认为值得提供这一就业数量的预期收益。也就是说，在每一种就业量下，企业有关于产品的预期收益，即为提供相应就业量的产品的最低价格。如果售价低于这个最低数值，企业就不会提供相应的就业量。与总供给价格相应的是总需求价格，即在一定就业量下社会愿意支付所购商品的价格。利润在有效需求的决定中起着核心的作用，"设当 N 取某定值时，预期收益大于总供给价格，即 D 大于 Z，则雇主见有利可图，必欲加雇工人；必要时不惜抬高价格，竞购生产要素；直至 N 之值，使 Z 与 D 相等后止。故就业量决定于总需求函数与总供给函数相交之点，盖在此点，雇主们之预期利润达到最大量。D 在总需求函数和总供给函数相交点时之值，称为有效需求"。有效需求是总需求和总供给函数的交点，它是一个均衡点；这一点来自企业家利润最大化的决策，由此将决定产出和就业。如图 3-4 所示。

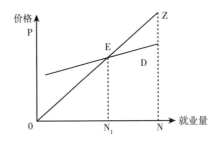

图 3-4　均衡的有效需求

凯恩斯认为，总需求与总供给函数的交点，即 E 点，是供求相等的均衡点。在该点，企业家们雇用 N_1 的劳动量而期望得到产品的售价正好等于整个社会提供 N_1 的就业量所必须得到的最低售价，此时企业家得到正常利润。在 E 点左方的就业量下，由于 D > Z，资本家获得超额利润；但是这种状态不能持久，增加雇用的劳动使就业量向 N 移动。处于 E 点右方的就业量之下，由于 D < Z，企业家会蒙受损失，但这种状态也不会持久，企业为了缩小亏损会减少对劳动的雇用，使就业量缩小到 N_1。只有在 E 点，雇主们的预期利润才与社会要求的最低值相等，此时达到的产品价格就是有效需求。

凯恩斯提到所谓有效需求，只是雇主们从决定提供的当前就业量上，所可预期取得的总收益，包括其他生产元素之所得（即雇主之原素成本）在内。总需求函数乃表示两者之间的关系，一方面是各种假想的就业量；另一方面是由此假想的就业量所产产品之预期收益。有效需求是总需求函数上的一点，这一点之所以有效，是因为如果就业量在该水准，则供给与需求恰使雇主之预期利润成为最大量。因此，凯恩斯的有效需求理论，重在强调企业预期利润对企业生产活动的决定作用。企业家对于利润最大化决策决定的需求，体现了资本主义经济中的竞争关系，即有效需求。

2. 凯恩斯有效需求理论的评析。凯恩斯经济学的产生，受到西方资产阶级经济学家的高度重视，对西方各国的经济政策也产生了巨大的作用。首先，凯恩斯以宏观总量分析代替微观个量分析，开创了现代宏观经济分析的新局面。新古典经济学以充分就业为前提，对单个经济单位的经济行为进行分析，采取微观个量分析方法。凯恩斯经济学则以宏观经济为分析对象，用总量分析代替个量分析。其次，凯恩斯摒弃了传统理论，承认资本主义存在有效需求不足和周期性经济危机的事实，并且主张国家干预经济。古典经济学和新古典经济学从萨伊定律和完全竞争两个假定前提出发，认为在产品价格、工资和利息率具有充分伸缩性的市场机制的自发调节下，储蓄支配投资，资本主义经济能自动实现充分就业均衡，不存在有效需求不足和经济危机的问题，因而主张自由放任的经济模式。凯恩斯经济学以有效需求理论为依据，认为由于"非自愿性失业"的存在，资本主义经济通常处在小于充分就业的均衡状态。由于"三大基本心理规律"的作用，投资需求和消费需求通常情况下是不足的，所有相应的有效需求也不足。而在自由放任的情况下，有效需求不足和危机是不能自动消失的，必须要靠政府干预经济才能解决这一问题。

但凯恩斯的经济理论也存在局限性。首先，凯恩斯以有效需求理论为依据解释失业和经济危机，但却把有效需求不足产生的根源归结为"三个基本心理规律"。在此过程中，凯恩斯自然而然地把资本家的剥削本质转化为人们心理因素的产物，从而完全抹杀了资本主义剥削的本质。其次，凯恩斯虽然指出了资本主义经济中有效需求不足和经济危机的必然性，但是他没有看到其背后的资本主义制度和生产结构的矛盾，从而没能科学解释经济危机和失业的根源。

（二）供给学派减税理论

与凯恩斯学派相对应的是 20 世纪 70 年代诞生的供给学派，其认为对经济增长起着决定性的作用是供给而非需求。供给学派减税理论的核心观点是税率会通过改变商品和服务的价格来影响经济主体，当政府提高税率之后，纳税人纳税之后的净报酬就会减少。做工收益的降低导致劳动力供给减少。而从资本来看，报酬减少使消费相对于储蓄和投资的价格下降，在基础消费上人们没有多余的钱进行储蓄和投资，这就会使资本供给减少，而这些方面都会对经济增长产生影响。基于此种关联，供给学派进一步深入研究税率和税收的关系，其中，最具代表性的是由美国经济学家约瑟·拉弗创立的"拉弗曲线"，拉弗首次为税率和税收制构建模型，利用曲线展示了政府税收收入和税率之间的变化和联系，为减税的作用提供了更加明确的理论支撑。拉弗曲线认为，税率的变动与政府税收收入之间并不是简单的线性正向相关，拉弗曲线中存在最优税率，这个最优税率可以实现税收收入的最大化，超过临界点后就会进入"拉弗禁区"，税收收入不增反降。拉弗曲线研究税率和税收收入关系的真正内涵是鼓励政府"降低税率"，正如提高税率并不代表税收收入就会提高那样，减税也并不是直接等同于财政收入减少，尽管较高的税率会增加总财政收入，但税率的提高超过一定门槛，企业的经营成本随着税率的变高而提高，利润的减少也会降低投资意愿，这将直接导致税基以及政府税收总额的减少。总结而言，供给学派认为应该将税率限定在一个合理范围。

二、文献综述

减税降费是以降低成本为核心目标、以企业为主要实施对象、以节用裕民为支撑财源的财政变革，涉企收费与税收作为企业经营负担的两个重要组成部分，在大多数研究中采取的是合并分析口径。

（一）减税降费政策与经济增长的作用机制

关于宏观税费负担与经济增长。卢卡斯（Lucas，1990）运用内生增长模型，定量分析了经济增长与资本所得税的相关性，实证结果表明两者呈反方向变动。安哲罗普洛斯（Angelopoulos，2007）基于1970~2000年23个经合组织国家样本数据，研究发现，加大劳动收入税负征收力度会抑制经济增长。李俊霖（2007）基于巴罗模型量化了税收负担、政府支出与经济发展之间的作用关系，发现宏观税负与经济增长呈反向变动关系，并测算出最优宏观税率约为20%。泽姆奇克（Zimcik，2016）构建平均税负指标将20个欧盟成员国家样本分为四组，实证分析了1995~2012年的政府财政数据，认为增加财产税、个人所得税、社保费将抑制经济发展速度。刘昶（2017）的研究结果显示，宏观税负与经济增长之间存在中间变量，市场化程度等多种因素参与两者的作用关系，即便多因素综合考量下税负与经济增长仍呈现显著的负相关。

关于减税降费与经济增长。减税降费的目标锚定于减轻各类市场主体的经营负担（郭庆旺，2019），减负效应有利于刺激市场投资活动，推动企业绩效提升（Liu et al.，2015；申广军等，2016；Zwick et al.，2017），进而提高整体经济发展水平（田志伟等，2020）。何代欣和张枫炎（2019）认为，减税降费政策有助于通过平抑经济波动以稳定与推动经济运行。比安奇（Bianchi，2001）指出，税率降低会提高地区劳动供给，进而间接促进经济增长。关于减税降费的系统性实证研究始于2016年全面营改增政策，鉴于我国大规模减负政策的实施时间较短，为了解决时间维度实证数据不充分的问题，部分学者以宏观税费为桥梁，通过检验减税降费政策降低了税费负担，间接证明减税降费对经济增长的促进作用。陈小亮（2018）整体评估了近些年国内减负效果，发现减税降费政策与宏观税负变化幅度正相关。秦闻（2019）抽样调查了减税降费政策的实际执行效果，认为减税降费政策在微观企业层面得到了落实，间接证明了为企业减负有助于经济发展。

（二）减税降费政策与财政压力的关系

税费负担并不是一个孤立的概念，其与财政收入、国民税收负担能力、经济发展等息息相关，国内外学者从理论分析、政策评述与实证检验角度探讨了减负政策与财政收支的作用机制。

郭庆旺（2019）、马海涛等（2020）认为，我国减税降费政策改变了政府收支规模、结构及财政赤字水平，基于减负政策与积极的财政政策的叠加效应，未来一段时间财政赤字将长期存在，且规模会保持扩大态势。尹李峰等（2021）指出，无论从短期还是长期时间维度，减负政策加剧了地方政府资金短缺，会刺激地方债的增长。随着国内经济数据披露制度的完善，近些年学者们通过实证方法检验了减负政策与财政收支的关系。李戎等（2018）的研究表明，降低县级企业税率会减少地方财政收入，增加政府财政压力。阿扎里亚斯等（Azacis et al.，2010）认为，减税降费在刺激消费与促进经济增长的同时，造成短期内财政收入在减少。张斌（2019）指出，不断扩大减负规模，将危及地方政府的债务与财政收支的可持续性。部分学者提出不同结论，白庆辉等（2016）、斯莱姆罗德（Slemrod，2018）认为，减税降费政策通过减轻企业负担，实现经济发展与扩大税基的目的，长期来看可以带来更多财政收入。何邓娇和孙亚平（2021）以 2014～2019 年广东省上市公司为样本，实证研究发现降低企业所得税显著提高了省级财政收入，但降低增值税对财政收入发挥了抑制作用。

总体而言，现有文献存在两个问题。首先是研究范式单一、计量方法不全面，对于减税降费与地方财政压力关系以定性分析为主，仅存不多的定量分析中往往分析地区性经济数据，鲜见全国范围的量化比较；并且减税降费的计量模型多局限于税收政策，缺乏对涉企收费效应的综合评估。其次是研究结论有歧义，关于减税降费对财政压力的影响，存在无差别的正相关和短期正相关加之长期负相关两类观点。本书研究有助于补充相关的实证数据，并为降费建议提供理论支撑。

三、研究假设

（一）降费政策与经济增长的作用机制

凯恩斯需求理论、供给理论、内生经济增长理论和新古典经济增长理论分别从有效需求、边际税率、资本积累与技术进步角度构建逻辑模型，分析减税对经济增长的作用机制（李戎，2018）。其中，凯恩斯需求理论认为，需求不足会严重制约经济发展，投资、消费、出口是促进经济发展的"三驾马车"，消费通过直接刺激总需求推动市场发展，促进经济自发增长；投资通过引导资金要素投入，促进技术进步与生产规模扩展，质优价廉商品的投放市场将会优化与提升需求结构，从而提高产出；出口为企业与产品提供了新市场，有助于提升品牌知名度、增强产品竞争实力，新的市场需求需要更多的就业供给，多维度推动经济增长。

1. 降费政策与消费。凯恩斯理论认为，需求会对经济增长发挥持久助益，而影响需求的各类要素中最显著是消费，借鉴税负转嫁理论将涉企收费负担与消费的关系定性为收入效应和替代效应。收入效应的前提是同类商品的降费政策普适性，"十三五"时期全国降费累计超过 2.9 万亿元，全国性的多行业减负弱化了商品间的外部收费差异，相当于普遍与间接提升了各类市场主体的可支配现金与潜在利润，企业有能力和动机采取一致性的降价行为，等同于政府向全体消费者发放消费券，在同样的预算下消费者能够购买更多商品，购买力的提升激发了多产品的总体消费需求。替代作用体现为政府降费政策引起了机会成本的非均衡性变动，市场主体会选择成本更低的经济活动以代替原有经济活动，虽然国内涉企收费总体负担呈现出逐年下降的态势，但地区之间差异显著，统计包含行政事业性收费、政府性基金、经营服务性收费在内的宽口径涉企收费的项目数量，2015 年中央政府确立涉企收费清单制，将 2015 年之前定义为自愿性披露阶段，2016 年之后定义为强制性披露阶段。河南省在两阶段的收费项目数量分别为年均 67.6 和年均 34.6，海南同期项目数量仅为年均 16.1 和年均 14.2，如表 3 – 23 所示。非均衡性地降低某地区、某种商品或某一行业的涉企收费负担会提升特定企业利润和可支配资金，有利于政策受益方在维持安全的盈利区间的基础上实施降价促销行为。商品价格下降，意味着消费者仅需支付更少的资金就能购买到相同功能的同等数量商品，这会加速市场需求转向此类商品，未享受降费政策的企业由于外部费用成本高，难以实时同等程度的价格优惠，其商品需求偏好则被抑制。

表 3 – 23　　　　　　　　　部分省份的涉企收费项目统计

项目		河南	浙江	湖北	海南	云南	平均数
涉企收费项目均值	自愿性披露阶段	67.6	26.8	87.2	16.1	18.5	43.06
	强制性披露阶段	34.6	19.5	68.8	14.2	30.5	33.72

资料来源：根据各省份财政厅（局）、物价局、发改委官网公示涉企收费清单，统计整理求得。

2. 降费政策与投资。投资是企业、个人或政府为了获得收益与资金增值等特定目的，与对方签订协议，进行的购买或投入资金的行为过程。其中，投资收益、投资风险和投资回收期是影响个人和企业决策的主要因素，降费政策通过向微观市场主体让渡投资收益（肖志超等，2021），改善企业融资约束，促进资金、技术和人力要素投入，提高社会生产效率。借鉴无差异曲线将涉企收费对投资的影响分为收入与替代两类效应，降费的收入效应是指政府减少投资环节所征收的直接或间接费用，例如，减少银行业和证券期货业监管费等行政事业收费，降低银行业务的经营服务性收费，能够直接或间接降低资金获取成本和优化融资约束，向企业释放更多的可支配现金资源与投资收益，这会刺激市场投资意愿。替代效应主要体现在投资与消费之间，若降费政策向消费领域倾斜，将提升企业与个人为商品或劳务付费的意愿，这在降低社会储蓄率的同时增加资金利率，高企的资金成本变相拉低经营主体的投资回报率，驱使企业和个人放弃投资而转向消费（肖志超和胡国强，2018）。此外，政府是我国各类投资活动中不可或缺的参与主体，政府投资一般很少计算短期收益，往往考虑长期经济价值，降费提升收益对其刺激作用有限，但减负政策降低财政收入，会直接制约政府投资能力。因此，降费政策对投资行为将产生两种截然相反的影响，最终结果取决于投资收益刺激作用与财政收入制约因素之间的相对强弱。

3. 降费政策与出口。涉企收费对于出口的作用主要基于价格传导机制。降费政策对于出口商品成本的影响与前面分析的消费产品成本相似，而成本要素的改变会传导至出口价格，降费政策效果显著的国家或地区所生产的产品价格更具比较优势，从而提升出口商品在世界贸易版图中的地位。具体而言，商品价格是由成本、附加值和税费三部分组成，附加值是商品利润的主要来源，出口商品成本是由国内生产成本和出口流通费用组成。涉企收费政策对于出口商品成本的作用体现在对生产、消费及要素使用征收外部费用，主要调节商品出口流通费用。以水上涉企收费为例，近年来受全球经济发展环境的影响，对外贸易形势严峻，政府基于港口与海运这两大外贸重要载体，开展了多轮减负工作。一是加大行政事业性收费清理工作力度，免征部分船舶三项收费，取消船舶港务费等七项中央级设立的行政事业性收费，预计每年降低企业经营负担约 55 亿元。二是优化港口经营服务性收费结构，减并两项港口船舶使用费和设施保安费，预计每年减轻企业负担约 10 亿元。三是监督调整海运附加费，由政府督促相关班轮公司制定海运附加费的取消或下调整改方案，每年已为企业减轻负担约 5 亿元。在系列措施合力作用下，进出口与海运企业每年共计减负 70 亿元。降费政策让外贸企业有更乐观的利润预期与更充裕的现金储备实施降低促销活动，在欧美发达国家通胀居高不下的现状下，提升了全球市场对于中国商品的需求。

4. 降费政策实施与经济增长趋势。基础数据层面，降费政策的前瞻性为我国经济发展营造了良好的财政环境。2011～2020 年的 10 年间 GDP 增长的均值高于涉企收费，且 2014～2020 年 GDP 增长皆高于同年度涉企收费，持续加强的降费政策与经济发展表现出正相关关系。分项来看，行政事业性收费的裁减程度最为显著，其总额由 2011 年增长 34.81% 降至 2020 年的负增长（见图 3-5）。表 3-24 中涉企收费的金额源自行政事业性收费、不含土地出让金的政府性基金与专项收入三项加总之和。其中，我国政府性基金中包含国有土地使用权出让金，该项目缴纳金额大、涉及行业窄且易受房地产市场周期性波动的影响，因而在量化分析时将其排除在外；专项收入涉及排污费、水资源费、教育费附加、矿产资源补偿费等，大多是基于特定目的或服务面向企业征收的非税费用，符合涉企收费项目的基本特征。

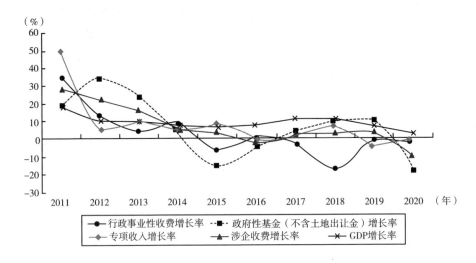

图 3 - 5　涉企收费与经济增长率对比关系

资料来源：取自 2011～2020 年《中国统计年鉴》。

具体至投资、出口与消费，受新冠肺炎疫情、国内产业转型与国际环境变化的多重约束，我国经济转向高质量发展正在经历速度换挡的"阵痛期"。虽然三者总额整体呈现稳中有增的态势，但增速均有放缓的迹象，固定资产投资总额增长率从 2011 年的 20.1% 下降至 2020 年的 2.7%，货物出口总额增长率从 2011 年的 15.15% 下降至 2020 年的 4.01%；社会消费品零售总额增长率从 2011 年的 30.33% 下降至 2020 年的 10.45%。另外，零售、金融和物流等第三产业是降费政策重点治理领域，2011 年之后第三产业增长速度均优于同时期第二产业与 GDP，批发和零售业销售在 2020 年实现 10.45% 的增速，政策颁布与产业发展的时空重合，体现出我国涉企收费政策对于经济增长的助益。

表 3 - 24　　　　　2011～2020 年我国投资、出口、消费及产业增长情况

年份	固定资产投资		货物出口总额		社会消费品零售		第一产业		第二产业		第三产业	
	总额（亿元）	增长率（%）	总额（亿元）	增长率（%）	总额（亿元）	增长率（%）	总额（亿元）	增长率（%）	总额（亿元）	增长率（%）	总额（亿元）	增长率（%）
2011	238 782	20.1	123 240.6	15.15	179 803.8	18.23	44 781.5	16.53	227 035.1	18.48	216 123.6	18.71
2012	281 684	18	129 359.3	4.96	205 517.3	14.30	49 084.6	9.61	244 639.1	7.75	244 856.2	13.29
2013	329 318	16.9	137 131.4	6.01	232 252.6	13.01	53 028.1	8.03	261 951.6	7.08	277 983.5	13.53
2014	373 637	13.5	143 883.7	4.92	259 487.3	11.73	55 626.3	4.90	277 282.8	5.85	310 654.0	11.75
2015	405 928	8.6	141 166.8	-1.89	286 587.8	10.44	57 774.6	3.86	281 338.9	1.46	349 744.7	12.58
2016	434 364	7	138 419.3	-1.95	315 806.2	10.20	60 139.2	4.09	295 427.8	5.01	390 828.1	11.75
2017	461 284	6.2	153 309.4	10.76	347 326.7	9.98	62 099.5	3.26	331 580.5	12.24	438 355.9	12.16
2018	488 499	5.9	164 127.8	7.06	377 783.1	8.77	64 745.2	4.26	364 835.2	10.03	489 700.8	11.71
2019	513 608	5.1	172 373.6	5.02	408 017.2	8.00	70 473.6	8.85	380 670.6	4.34	535 371.0	9.33
2020	527 270	2.7	179 278.8	4.01	391 980.6	-3.93	77 754.1	10.33	384 255.3	0.94	553 976.8	3.48

资料来源：根据 2011～2020 年《中国统计年鉴》整理所得。

经济增长是国家竞争的基石，降费政策有助于减企业之负、增民生之福、保发展之稳。减轻市场主体的外部费用负担，推动了投资、出口和消费领域还利于民，均衡性的收入效应能够激发消费者的购买动机，市场需求的提升将助益经济持续健康发展。另外，地区性的降费政策带来非对称性的替代效应，使不同地区经济受益程度存在差异。基于以上分析提出假设 H10。

H10：我国降费政策促进了经济增长，且两者关系表现出地区异质性。

（二）降费政策与财政压力的作用机制

供给学派基于边际税率创建了减税理论模型，倒"U"型拉弗曲线中税收随着税率提升呈现出先增后减的变化趋势，达到某一临界点后，税率与政府财政收入呈反向变动。涉企收费与税负对于财政收入的作用机制存在高度的相似性，长期视阈下降费政策能够发挥财政产出的增长效应，通过降低企业经营负担与消费成本，激发了市场需求与经济内生动力，这种涵养税源与扩大税基的理念有助于政府财政持久增收（白庆辉等，2016）；但短期视阈下特有的体制环境与发展阶段致使降费政策主要显现的是挤出效应，分税制改革后财权上收、事权下移，中央与地方的财政矛盾突出，逆周期的减负政策进一步压缩了各级财政收入水平。另外，我国仅用了三四十年时间就走过了工业化城市化历程，这意味着城市开发与基础设施建设的高强度投入，保守测算"十三五"时期相关资金规模约75万亿元。稳态的收入能力与日益增加的支出责任触发了地方政府的被动举债行为，短期内政府大规模发债吸纳社会资金将引发市场利率上升，货币成本的变化对市场主体的消费与投资等应缴费行为产生挤出效应，从而撼动财政收支的稳定性。

财政总收入"四本账"中一般公共预算、政府性基金、社会保险基金与国有资本经营四个维度的基础数据，一定程度上验证了现阶段降费政策带来的财政压力，如表 3 - 25 所示。一方面一般公共预算收入在 2011 ～

2019 年逐年增加，但经济下行与减税降费政策加码产生的累积效应使一般公共预算收入增长率在 2020 年转为负增长；另一方面我国政府刚性支出责任较大，积极的财政政策使同期一般公共预算支出保持了更高增速，政府收支平衡越发依赖债务筹资与历年资金余额。政府性基金收入在 2015 ~ 2020 年呈现快速上升趋势，但更高的支出增速致使政府性基金赤字率在"收费清单制"实施的 2015 年由负转正，政府性基金还存在结构失衡的隐忧，国有土地使用权出让金收入占 2020 年政府性基金收入的比重约 88%，已成为地方财政收入的主要来源，但资源有限性与土地价格波动性特征决定了过度依赖"土地财政"的政府性基金收入增长潜力有限（马海涛等，2020），2022 年 7 月 14 日财政部发布的上半年数据显示国有土地使用权出让收入同比减少 31.4%，降至 2.3622 万亿元；整体偏高社会保险基金费率是降费政策重点关注领域，社会保险基金呈现出支出增长快于收入的趋势，不断加深的人口老龄化程度更是危及社保基金的增长持续性；国有资本经营收益与支出保持同步上升态势，且 2016 年以来收入增幅大于支出，但受制于市场经济体制改革，国有资本经营收入增长也存在持续性问题。因此，优化政府获取资源方式、减少政府直接配置资源规模的工作任重而道远（张斌，2019）。

产出挤出效应与增长效应存在此消彼长的趋势关系，如图 3 - 6 所示。2011 ~ 2020 年"四本账"的收支非对称性变化与收入非持续性增长数据展现了各级财政入不敷出的状态，地方政府通过政策性贷款、中央财政代发债券、城投公司融资平台向商业银行贷款等显性和隐性债务方式填补资金缺口，整体外债负债率由 2011 年的 9.2% 增长至 2020 年的 16.3%，数据透明度更高的中央财政负债率已增至 20.56%，基于理论推演与基础数据提出假设 H11。

H11：大规模与长周期的降费政策，制约财政收入增长，加剧了地方财政压力。

表3-25 2011~2020年我国财政收支"四本预算"数据

项目		2011 年	2012 年	2013 年	2014 年	2015 年	2016 年	2017 年	2018 年	2019 年	2020 年
一般公共预算	收入（亿元）	103 874.43	117 253.52	129 209.64	140 370.03	152 269.23	159 604.97	172 592.77	183 359.84	190 390.08	182 913.88
	支出（亿元）	109 247.79	125 952.97	140 212.1	151 785.56	175 877.77	187 755.21	203 085.49	220 904.13	238 858.37	245 679.03
	赤字率（%）	1.1	1.62	1.86	1.77	3.43	3.77	3.66	4.08	4.91	6.18
政府性基金	收入（亿元）	42 309.75	37 517	52 268.75	54 113.65	42 338.14	46 643.31	61 479.66	75 479.07	84 517.72	93 491.26
	支出（亿元）	408 93.23	36 069	50 500.86	51 463.83	42 347.11	46 878.32	60 968.59	80 601.62	91 647.77	118 057.98
	赤字率（%）	-0.29	-0.27	-0.3	-0.41	0	0.03	-0.06	0.56	0.72	2.42
社会保险基金	收入（亿元）	25 758	31 411	35 994	37 667	46 354	50 112	58 437.57	79 002.58	83 152.13	76 363.5
	支出（亿元）	18 877	23 931	28 744	32 581	39 118	43 605	48 652.99	67 380.69	74 740.78	78 372.17
	赤字率（%）	-1.41	-1.39	-1.22	-0.79	-1.05	-0.87	-1.18	-1.26	-0.85	0.2
国有资本经营	收入（亿元）	1 963.87	2 306.59	1 713.36	2 007.59	2 550.98	2 608.95	2 580.9	2 905.79	3 971.82	4 774.55
	支出（亿元）	858.56	875.07	1 561.52	2 013.71	2 066.77	2 155.49	2 015.31	2 153.28	2 295.41	2 556.21
	赤字率（%）	-0.23	-0.27	-0.03	0	-0.07	-0.06	-0.07	-0.08	-0.17	-0.22
财政债务率	外债负债率（%）	9.2	8.6	9.0	17.0	12.5	12.6	14.3	14.3	14.5	16.3
	中央财政负债率（%）	14.77	14.40	14.63	14.86	15.47	16.09	16.20	16.27	17.03	20.56

资料来源：根据 2011~2020 年《中国统计年鉴》整理和计算所得。

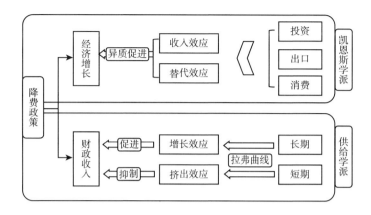

图 3 - 6　降费对经济增长与财政收入的作用路径

四、研究设计

（一）数据来源

本书研究区间为 2011 ~ 2020 年省级财政面板数据与沪深 A 股上市公司样本，地区生产总值、产业增加值、一般公共预算收支、固定资产投资、就业人员数、就业人员平均受教育年限等宏观经济数据来自《中国统计年鉴》《中国劳动年鉴》以及各省份统计年鉴。涉企收费负担率计算公式中营业收入、财务费用、管理费用与销售费用的原始数据来源于 CSMAR 国泰安数据库以及财务报告附注。并对样本进行以下处理：（1）剔除营业收入、销售费用、管理费用与财务费用信息缺失的公司；（2）剔除涉企收费和营业收入年度数据为负的公司；（3）剔除 ST、*ST 以及退市公司；（4）剔除金融行业公司；（5）因宏观财政收支数据缺失，剔除新疆、西藏、香港、澳门和台湾地区公司。在此基础上借鉴一些学者（Konchitchki and Patatoukas, 2014）的做法，剔除财务变量小于 2% 分位数和大于 98% 分位数的公司，共计得到 23 640个样本；按照上市公司注册地址与成立时间分类再取中位数的方式表征 2011 ~ 2020 年各省（区、市）的涉企收费负担率，最终筛选出 362 个的数据样本。

(二) 模型设定

1. 降费政策的经济增长效应。借鉴一些学者 (Konchitchki and Patatou-kas, 2014);Shevlin et al., 2019) 的计量方法,对柯布 – 道格拉斯生产函数取自然对数,并将宏观税负变量 Tax 替换为涉企收费率 EFR,获得模型:

$$\ln GDP = \alpha_0 + \alpha_1 Industure_{it} + \alpha_2 Rlzb_{it} + \alpha_3 \ln Capinvest_{it} + \alpha_4 \ln Employ_{it}$$
$$+ f(EFR_{it}) + Year_{it} + Area_{it} + \varepsilon_{it}$$

在此基础上,为了界定减负效应对经济增长的滞后性作用,将涉企收费负担率的一阶滞后项加入回归模型中,并将 $f(EFR_{it})$ 设为一次型方程估计,完成以下多元线性回归模型,即:

$$\ln GDP_{it} = \beta_0 + \beta_1 EFR_{it} + \beta_2 EFR_{it-1} + \beta_3 Industure_{it} + \beta_4 Rlzb_{it}$$
$$+ \beta_5 \ln Capinvest_{it} + \beta_6 \ln Employ_{it} + Year_{it} + Area_{it} + \varepsilon_{it}$$

2. 降费政策的财政收入效应。借鉴郭月梅和史云瑞 (2021) 对于减税降费背景下中国地方财政压力的测度模型,构建固定效应基本关系模型,即:

$$\ln Revenue_{it} = \gamma_0 + \gamma_1 EFR_{it} + \gamma_2 \ln Employ_{it} + \gamma_3 \ln Invest_{it} + \gamma_4 \ln Expenture_{it}$$
$$+ \gamma_5 \ln GDP_{it} + Year_{it} + Area_{it} + \varepsilon_{it}$$

其中,被解释变量 GDP_{it} 表示各省份的经济发展情况,$Revenue_{it}$ 表示各省份一般公共预算收入。核心解释变量 EFR_{it} 表示涉企收费负担,借鉴蒋文超 (2020) 的量化方法,批量导出沪深 A 股上市公司的财务报告,手工筛选"管理费用""销售费用""财务费用"(简称期间三费)相关的二级科目和附注信息,汇总得出涉企收费项目金额,并将费用合计金额除以营业收入以消除规模效应带来的收费负担差异,涉企收费负担计算方法总公式为:(期间三费中涉企收费金额)/营业收入。EFR_{it-1} 为涉企收费负担的一阶滞后项,$f(EFR_{it})$ 表示涉企收费对经济的作用函数,θ 为常数项,$Year_{it}$、$Area_{it}$ 分别表示时间固定效应、地区固定效应，ε_{it} 表示随机误差项，i 表示省份，t 表示年份。控制变量包括产业结构（Industure$_{it}$）、人力资本（Humantal$_{it}$）、资本投入（Capinvest$_{it}$）、就业人员数量（Employ$_{it}$）、固定资产投资（Invest$_{it}$）、各省份一般公共预算支出（Expenture$_{it}$）、地区国内生产总值（GDP$_{it}$）。其中，产业结构（Industure$_{it}$）为各省第二产业与第三产业增加值的比重，人力资本（Humantal$_{it}$）以各省就业人员平均受教育年限替代，资本投入（Capinvest$_{it}$）测度方式为永续盘存法。

五、实证结果分析

（一）描述性统计

涉企收费率 EFR 的均值为 0.0325，最小值为 0.0001，最大值为 4.1597，表明相同营业收入单位下涉企收费负担存在显著个体差异，即降费政策体现出企业异质性；经济增长（lnGDP$_{it}$）、一般公共预算收入变量（lnRevenue$_{it}$）、一般公共预算支出（Expenture$_{it}$）的标准差显著高于其他变量，反映出各地经济增长与财政收支的异质性，如表 3 - 26 所示。

表 3 - 26　描述性统计分析

变量	N	均值	最小值	最大值	标准差
lnGDP	362	9.641	6.822	11.564	0.913
lnRevenue	362	7.346	3.961	9.465	0.928
EFR$_{it}$	362	0.034	0.0001	4.160	0.154
lnEmploy	362	7.824	5.763	8.942	0.715
lnK	362	9.201	7.235	10.637	0.736
Cyjg	362	0.947	0.212	1.916	0.296
Rlzb	362	2.433	2.114	2.715	0.120
lnInvest	362	9.366	6.705	11.006	0.832
lnExpenture	362	8.226	6.046	9.735	0.974
EFR$_{it}$ - 1	362	0.033	0.0001	4.160	0.154
GDP	362	9.703	6.827	11.564	0.934

资料来源：Stata 的统计结果。

（二）降费政策的经济增长效应

1. 基准回归结果。双固定效应模型检验降费政策对经济增长，基准回归结果如表 3 - 27 所示。第（5）列中涉企收费负担率EFR_{it}估计系数为 - 2.456且在 1% 的水平上显著，表明涉企收费负担与经济增长呈现负相关关系。换言之，降费政策拉动了经济增长，部分验证了假设 H10。控制变量中资本投入K_{it}、就业人员数量$Employ_{it}$显著在 1% 的水平上显著为正，即两者促进了经济发展，但产业结构$Cyjg_{it}$、人力资本投入$Rlzb_{it}$在回归结果方面未展现出对地区经济的促进作用。

依次加入涉企收费负担率一阶滞后项、产业结构、劳动投入、资本投入、人力资本等变量后的回归数据如表 3 - 27 （（1）~（5））列所示。在各种变量组合回归中企收费负担率的负向显著性由 5% 增强至 1%，体现了降费政策对于经济增长的正向意义。

表 3 - 27　　　　　　　　降费政策与经济增长

项目	（1）	（2）	（3）	（4）	（5）
EFR_{it}	- 2.274 **	- 2.203 **	- 2.145 **	- 2.582 ***	- 2.456 ***
	（0.857）	（0.865）	（0.862）	（0.771）	（0.773）
EFR_{it-1}	1.957 *	1.932 *	1.864	0.735	0.821
	（0.928）	（1.002）	（1.005）	（0.926）	（0.927）
Industure		- 0.146	- 0.127	- 0.313	- 0.314
		（0.290）	（0.289）	（0.260）	（0.260）
lnEmploy			0.251	0.615 ***	0.617 ***
			（0.214）	（0.214）	（0.214）
lnCapinvest				4.321 ***	4.312 ***
				（0.375）	（0.375）
Humantal					0.208
					（0.346）
C	7.251 ***	7.342 ***	6.754 ***	- 15.356 ***	- 15.713 ***
	（0.062）	（0.385）	（0.741）	（2.605）	（2.716）
地区效应	控制				
时间效应	控制				

续表

项目	（1）	（2）	（3）	（4）	（5）
R^2	0.941	0.941	0.943	0.956	0.956
观测值	362	362	362	362	362

注：＊表示 $p < 0.05$，＊＊表示 $p < 0.01$，＊＊＊表示 $p < 0.001$。括号内为标准差。

资料来源：Stata 的回归结果。

2. 地区异质性。为了进一步验证了假设 H10，本书分类回归了东部、东北、中部、西部地区的降费政策与经济增长变量。由表 3 - 28 可知，东部及经济对于涉企收费负担的敏感性最强，EFR_{it} 系数为 - 4.162 且在 1% 的水平上显著，中部地区涉企收费负担率 EFR_{it} 在 5% 的水平上显著为负，体现出降费政策促进了两地经济增长。但东北和西部地区的涉企收费负担率 EFR_{it} 系数却显著为正，每降费 1%，两地经济增长率分别减少约 0.164%、0.102%，表明降费政策对地区经济增长产生了抑制效应。涉企收费对经济影响的地区异质性可能原因是国内各地区经济发展水平、产业结构与资源禀赋差异较大，东部省份经济体量较大，在市场化程度和区位上有先天优势，微观经营主体的企业对经济发展作出了很大的贡献，已形成市场内生增长模式，降费政策是对企业活力的"解绑"，有助于激发市场需求，推动经济更上一层楼；而东北和西部地区单一的产业结构、相对滞后的市场培育机制，导致政府生产性财政支出是引导社会资本和劳动投入、驱动经济增长的主导力量。减少涉企收费的直接结果是缩减地区财政资源，弱化了政府支出项目可动用的资金规模，并且减税降费也会产生挤出效应（肖志超等，2021），使欠发达地区的长期产出回落至稳态（李晓乐，2020）。

表 3 - 28　　　　　　　　降费政策与经济增长的地区异质性

项目	东部	中部	西部	东北
EFR_{it}	- 4.162 ＊＊＊ （0.703）	- 3.051 ＊＊ （0.766）	0.164 ＊＊ （0.742）	0.102 ＊＊ （0.576）
EFR_{it-1}	2.357 （0.041）	2.208 ＊＊ （0.317）	- 0.205 ＊＊ （0.826）	- 0.143 ＊＊ （0.051）

项目	东部	中部	西部	东北
Industure	0. 105 (0. 362)	5. 412 *** (1. 088)	− 2. 853 *** (0. 46)	− 1. 075 * (0. 348)
lnEmploy	0. 784 *** (0. 163)	− 0. 205 (0. 382)	0. 061 (0. 435)	0. 052 *** (0. 167)
lnCapinvest	4. 315 *** (0. 716)	0. 584 (0. 651)	0. 192 (0. 763)	1. 714 ** (0. 358)
Humantal	0. 582 (0. 269)	0. 473 (0. 505)	− 0. 105 (0. 32)	− 0. 113 (0. 746)
C	− 18. 205 *** (5. 962)	10. 147 *** (0. 873)	10. 051 (5. 624)	20. 732 ** (15. 851)
地区效应	控制			
时间效应	控制			
R^2	0. 973	0. 982	0. 961	0. 985
观测值	124	76	120	42

注: * 表示 $p < 0.05$, ** 表示 $p < 0.01$, *** 表示 $p < 0.001$。括号内为标准差。

资料来源: Stata 的回归结果。

(三) 降费政策的财政压力效应

表 3 - 29 为降费政策对地方财政收入影响的双固定效应模型回归结果,第 (5) 列示的基准数据表明,涉企收费负担率与财政收入呈现在 5% 的水平上显著正相关,每降费 1% 会导致地方财政收入减少 1. 526% 。依次加入了实际税费率、就业人员、生产总值、一般公共预算支出、固定资产投资等变量的回归数据,如表 3 - 29((1) ~ (5))列所示。在各种回归结果中涉企收费负担率与一般公共预算收入均呈现正相关,即降费政策抑制了政府财政收入增长,验证了假设 H11。这说明降费政策虽然有助于涵养费源、扩大费基,但短期内涉企收费下降幅度较大,在未来较长时间内费基的扩大难以弥补费率下降减少的财政收入,地方财政压力存在持续扩大的风险。

表 3 - 29　　　　　　　　　　　　降费政策与财政收入

项目	(1)	(2)	(3)	(4)	(5)
EFR$_{it}$	4.615 ** (2.317)	2.077 * (1.128)	1.225 * (0.86)	1.394 ** (0.651)	1.526 ** (0.513)
lnEmploy		0.855 *** (0.061)	-0.528 *** (0.043)	-0.567 *** (0.043)	-0.524 *** (0.051)
GDP			1.672 *** (0.0249)	1.258 *** (0.043)	0.786 *** (0.053)
lnExpenture				0.394 *** (0.067)	0.852 *** (0.051)
lnInvest					-0.163 ** (0.021)
C	8.765 *** (0.088)	2.392 *** (0.374)	-2.261 *** (0.157)	-3.05 *** (0.169)	-2.913 *** (0.162)
地区效应	控制				
时间效应	控制				
R^2	0.018	0.566	0.932	0.935	0.936
观测值	362	362	362	362	362

注：* 表示 $p < 0.05$，** 表示 $p < 0.01$，*** 表示 $p < 0.001$。括号内为标准差。

资料来源：Stata 的回归结果。

为了确保研究结果的可靠性，本书做了以下稳健性处理。第一，验证模型的内生性问题，借鉴巴塔查里亚（Bhattacharya，2000）的做法，采用 VAR 模型对涉企收费负担与经济增长关系追加格兰杰因果检验，回归结果拒绝涉企收费负担率EFR$_{it}$不是经济增长变量 GDP 原假设。第二，替换解释变量，将公司的实际涉企收费率 EFR 计算方法替换为"涉企收费金额/总资产规模"；研究结论保持不变。第三，样本处理：（1）直辖市数据存在一定程度的特殊性，剔除北京、上海、天津、重庆四个直辖市数据；（2）为排除金融危机对经济的干扰，剔除 2008 ~ 2010 年数据。稳健性检验后各替代变量系数的正负性不变且主要解释变量均在 5% 水平上显著，与原结果不存在实质性差异。受篇幅限制，实证结果未列示。

六、结论与建议

（一）研究结论

本书基于 2011～2020 年沪深 A 股上市公司与省级财政面板数据，建立固定效应模型分别验证了降费政策对经济增长和财政压力的作用机制，研究结论如下。

1. 降费政策维护经济发展的目标初步达成。得益于投资、出口、消费领域的收入效应和替代效应，涉企收费每减少 1%，全国经济增长率提升约 2.456%。但不同于已有文献普遍认为企业税费不利于经济增长，本书实证检验了降费政策对于经济作用的地区性差异，具体而言，清理涉企收费在促进东部、中部地区的经济增长的同时，对西部及东北地区经济增长却呈现出抑制效应。这体现了区域发展的不平衡致使政府行为对经济增长的影响差异，东部地区市场经济发达、民营经济活力强劲，降费政策通过还利于民刺激了市场需求，增强了商品出口和市场消费，实现减负为经济运行保驾护航；但清理涉企收费的短期副作用是降低财政收入，制约政府财政支出能力，我国西部与东北地区民营企业数量与质量低于全国平均值，需要政府投资弥补固定资产投资中的市场缺位以及扩大市场边界，以基础设施建设与提供生产性服务为代表的财政支出对提振阶段性经济增长发挥了支撑性作用。涉企收费等非税收入有助于丰实地方财政，西部与东北地区的高强度政府投资能够抵消相对高比例涉企收费对市场主体经营活动产生的负面影响。

2. 降费政策影响了各级政府的财政收支平衡。新冠肺炎疫情冲击导致"费基"增速趋缓，向市场让利的减负政策逐步压低了"费率"，近些年涉企收费负担率迅速减少。实证结果表明，每降费 1% 会致使地方财政收入减少约 1.526%，但同时期积极的财政政策下地方政府刚性支出不减，因此，短期内地方财政收支赤字处于不断攀升的态势，2011～2020 年的财政压力没有呈现出倒"U"型动态变化路径；长期来看，降费政策促进消费、投资、出口增长，扩大"费基"以改善地方财政收入的增长效应有待时间检验。

（二）政策建议

1. 兼顾普惠性与差异性，完善降费政策。我国经济受需求收缩、供给冲击、预期转弱的多重影响，市场进入调整稳定发展期，实证数据层面验证了降费政策对于刺激经济增长的积极意义。中央政府应以稳增长与全国统一大市场为主线，从"主税辅费"转向减税与降费并举的减负政策；以建立涉企收费清单与减税降费政策清单的定期披露制度为契机，健全自查、检查、社会反馈相结合的监督体系。通过多点突破、全面发力的阶段性新增部署和延续性制度安排，缓解企业成本压力、促进商品提高国际竞争力、刺激国内市场消费，保障经济运行在合理区间。

涉企收费对经济发挥了地区异质性的作用，西部与东北地区减负政策并未促进经济快速发展，并且企业减负政策的财政收入增长效应需要较长的时间积累，短期内地方财政形势严峻。因此，地方政府应被授权因地制宜地实施差异化涉企收费政策，例如内蒙古、山西、新疆等省份的资源出口产业发达，相关涉企收费不适宜"一刀切"的清零，应该通过优化阶梯收费机制，在保证原材料价格稳定前提下实现补贴财政、补偿成本和可持续发展的目标。

2. 基于转移支付与再分配制度，充实地方政府可支配财力。在经济运行换挡期及减负政策消化期的叠加作用下传统扩张性货币与积极财政政策的调控有效性降低，财政收入增长速度大幅放缓，地方债务风险突出。中央政府应完善转移支付量化体系与定期评估机制，采用项目法或因素法计算转移支付资金数额，并根据财政事权属性强化对财力薄弱地区的支持；健全一般性转移支付与专项转移支付调整机制，结合地区间财力均衡的需要，逐步增加一般性转移支付规模，提升一般性转移支付中的均衡性转移支付比例，合理控制专项转移支付的资金规模，逐步退出市场能够有效参与的投资领域；鼓励与考核各省份间的横向转移支付与"协作"，缓解地方政府债务分布不平衡的问题；建立财政资金直达机制，根据项目实际进度与支出轻重缓急加快安排资金下达，加大财力下沉力度以化解地方流动性资金枯竭的风险。

此外，建议提高地方国有企业利润上缴比例。国有资产本质上属于全民所有，而国有资产现行管理方式未完全遵循"谁投资、谁受益"的市场经济原则，客观上造成了利润"体内循环"。东北地区国有企业资产占比超过50%，而同期全国其他地区仅为38%，2020年国有工业企业营业收入占规模以上工业企业营业收入的比重前10位中，有7个属于西部地区，因此，提高国有企业利润上缴比例能够有效缓解地方财政压力，在价值创造过程中将"分好蛋糕"与"做大蛋糕"摆到同等重要的位置，也是迈向共同富裕的必由之路。

第四章

新时代涉企收费政策建议

涉企收费与税收共同组成了政府财政收入的主要来源，两者在制定目的、征收方式等方面存在诸多相似之处，也同为企业减负的重要政策抓手，因而可以借鉴税收领域的行政复议经验。

第一节 他山之石——税务领域征管现状分析

改革开放以来，我国在税收立法和执法层面取得了长足的进步，营改增、设立税收立法时间表等举措可以看出政府规范和优化税收工作的决心，但是需要指出的是，与欧美发达国家相比我国在税收立法和执法方面还存在较大的差距，并且行政复议的立法工作也不够完善，国家税务总局于2010年4月1日正式颁布实施《税务行政复议规则》，其中，虽然对行政复议的范围和程序等内容作出规定，但是内容稍显笼统，操作过程中存在一定难度。税收作为政府从企业或个人收益中强制性的分享（Desai et al.，2007），时常会发生税务纠纷，伴随公民的法治意识觉醒（季勇，2016），我国税收行政复议立项数也呈现逐年递增的态势，因而完善税务行政复议机制迫在眉睫。

一、我国税务行政复议与行政诉讼的协作机制研究

为了全面提高依法治税水平，加快我国税收的法治化建设进程，国家税务总局颁布了《"十三五"期间税务系统推进依法治税的工作规划》，明确提出各级税务机关在落实依法治税中的工作要求、任务内容和组织措施，制定了 36 项优先完成目标，其中有 5 项涉及税务行政复议。从中可以看出政府对税务行政复议规范化和法治化的决心，但任务重、时间紧的税制改革安排也突显了现阶段税务纠纷解决机制方面存在较多棘手的问题。

本节内容基于国税和地税合并之前的征收组织模式，以杭州 U 公司（以下简称 U 公司）商铺经营使用权转租收入引发的所得税纳税纠纷为例，从经济实质和税收法规条文层面对应纳税所得额作出初步分析，再从税法普适性角度对其中反映的我国税务行政复议制度作进一步的理论研究，最后从税收立法、执法和司法角度提出综合运用反馈机制和倒逼机制改进税务行政复议和行政诉讼的协作体系。本书研究的贡献之处有：首先是引入税法普适性概念，并基于该视角重新审视和分析实务中的 U 公司税务行政复议案例；其次是创造性地提出综合运用反馈和倒逼机制，从税收立法、执法和司法层面构建税务行政复议和诉讼的协作体系，以期能为实现税务工作目标提供部分理论支持。

（一）现实之困

2006 年杭州 A 区举行 B 段人防工程的扩建招投标，为了缓解财政压力，政府没有采取传统的直接支付工程款项方式，而是采取类似政府与社会资本合作（PPP）模式引入社会资本，以人防工程相关商铺的 40 年经营使用权作为资本投资回报。U 公司最终竞标成功，并于 2008 年 12 月 19 日完成人防工程和相关商铺的建设，当年完成商铺招租，并与相关 562 名租赁业户签订

商铺经营使用权的转让合同，签订合同时租金一次性收取。期末U公司在缴纳所得税相关税款时，按照不动产的销售税目进行所得税的计算和缴纳，总计企业所得税1.93亿元于2009年1月全额缴纳。此后U公司的会计人员就商铺转让所得的纳税问题与会计师事务所审计师进行沟通，审计师认为，依据《企业所得税法实施条例》第九条的规定，收入应与费用相配比，对于上述已经确认收入，出租人可以在整个租赁期间，分期均匀地计入相关年度的总收入中。U公司2008年度发生的商铺经营使用权转租事项应该按租金的收入重新进行所得税的计算和缴纳。据此U公司随即向税务机关提出退税申请，A区国税局在收到申请后于2012年12月7日作出正式答复：U公司申请的相关退税事项与税收法规政策不符，U公司于2009年1月发生纳税行为，《国家税务总局关于贯彻和落实企业所得税法若干税收问题通知》（以下简称《税收问题通知》）作为U公司申请退税依据，是2010年2月22日颁布执行的，我国立法法中明确规定法律不溯及过往，因此，U公司的涉税行为和事项应当依据该函颁布前税收相关法规法律执行。对于A区国税局的答复U公司不同意，并于2012年11月20日向杭州市的国税局提出申请行政复议，而杭州市国税局给出的答复是维持A区国税局的意见，U公司随即向杭州市中级人民法院提起了行政诉讼。

杭州市中级人民法院在一审中认为，商铺的产权严格意义上是归国家所有，U公司作为杭州人防工程的投资开发商，不具有商铺的产权，因而其与承租商签订转让合同所获取的相关收入从合同的性质上界定属于租金收入，而不属于销售房地产的收入。依据《企业所得税法实施条例》确定的收入和费用配比原则，以及《税收问题通知》关于租金相关收入的确认规定：租金相关的收入如果不应该计入当期的，即便租金已在当期实现收付，也不能计入当期的收入，在整个租赁期年度内出租人应该均匀分期计入收入。且《中华人民共和国税收征管法》中明确指出，纳税人缴纳的税款超过应纳税额部分，自结算缴纳相关税款后3年内，纳税人发现后可向相关的税务机关申请退还。据此一审判决即日起撤销国税局给出的关于 U 公司的涉税事项答复，并责令判决生效之日起 30 日之内 A 区国税局对 U 公司的申请退税事项重新给出答复。

A 区国税局对于一审判决不服，遂向浙江省高级人民法院提起上诉。二审法院审理认为，对于本案合同性质的认定，涉案合同为杭州 A 区 B 段人防工程附属的店铺经营使用权的转让合同；合同实质转让标的并非商铺本身，而是包括商铺 40 年的使用权和经营权。并且 U 公司财产权利不是通过租赁取得，而是公司参与出资建设 B 段人防工程取得的收益对价，当地政府也允许公司对相关商铺进行转让或出租。此外合同还约定了合同价款、价款支付的方式等，因此，应该界定为财产权利让渡的合同，原判中对于本案的合同性质认定错误。

对于适用的法律，本案合同不是严格意义上的租赁合同，故不适用于《企业所得税法实施条例》和《税收问题通知》的规定。但在本案中 A 区国税局没有准确对涉案的合同性质作出界定情况下，认为 U 公司所申请事项的法律依据没有溯及力，作出的答复存在适用的法律错误和事实的认定不够清晰，应当予以撤销。A 区国税局应当重新给出适当的答复。最终二审判决为，驳回杭州市 A 区国家税务局的上诉，维持中级人民法院作出的行政判决。

（二）理论初探

关于杭州 A 区 B 段人防工程商铺经营使用权转让产生的收入应纳税所得额问题，U 公司与国税局存在不同的理解。在税务纠纷在解决过程中，涉及两次税务行政复议和两次行政诉讼。

1. 案例中计税基础纠纷分析。关于商铺经营使用权转让产生的收入是否可以分期计入所得，本书观点是应一次性计入当期应纳税所得额中。得出该结论是基于对 U 公司与商铺承租方所签订合同性质的界定，租赁合同中应当至少包含租赁物的用途、名称、租金以及支付方式和期限、租赁期限、租赁物维修等条款，并且租赁的期限一般是不能超过20年，反观本案例中U公司与商铺承租方签订的合同中没有明确约定相关的租赁期限、租赁物名称、租金和支付期限等必备要素，并且商铺的转让权利期也已经超过了20年，这些均违背了租赁合同的特征规定。

另外，会计学基本原则也对分析本案中税务纠纷的分析提供了不同的视角，实质重于形式原则要求企业在进行会计日常核算时应该依据发生交易和事项经济实质，而不能简单将外在的法律形式当作核算依据。表面上看作为转让合同的甲方，U公司不具有A区B段人防工程商铺的完整产权，因此，合同乙方承租者支付约定转让金额后无法获得商铺的所有权。但是实质上该562家商铺不是U公司租赁获得，是A区政府作为人防工程建设的收益对价，U公司拥有商铺的复合型财产权利，即包括商铺的使用权也包括经营权，A区政府允许U公司将商铺自由出租和转让。而U公司在与商铺承租方所签订的使用经营权转让合同中将该项复合型财产的权利完全转让给承租方，近似于商铺40年"所有权"的转让。

综上所述，本案例中U公司签订的合同不是租赁合同，而应当界定为财产权利的让渡。由此所产生的收入也不能算作租金收入，不能在40年内均匀分摊，应该作为近似建筑物销售收入，在收入取得的当期一次性计入企业应纳税所得额中。

2. 两次税务行政复议和行政诉讼分析。如图4-1所示，第一次行政复议是在A区国税局完成的，暂且将其命名为一级行政复议，其以新颁布的法律是不溯及过往为由驳回U公司的诉求，其中反映出的问题一是在答复U公司的申诉时没有抓住问题的要害，即收入性质的确认问题；二是区国税局负责答复的工作人员对相关法律规范的效力追溯的认识存在误区。第二次行政复议是杭州市国税局进行，暂且将其命名为二级行政复议，杭州市的国税局的答复较为及时，但是其没有发现A区国税局一次行政答复中的问题，使其答复难以令复议申诉方U公司信服。

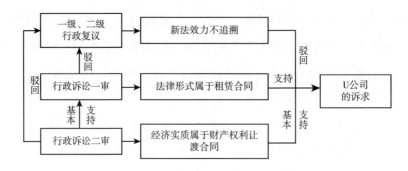

图 4 - 1　U 公司税务行政复议和诉讼流程

在第一次行政诉讼即一审中，杭州市中级人民法院责令 A 区国税局重新作出答复的判决是较为合理和正确的，但是其对于 U 公司商铺经营使用权转让合同的性质界定存在偏差，仅限于法律形式，因而合同性质认定为租赁合同是不恰当的，因此，A 区国税局不认可一审结果的，而在二审中浙江省高级人民法院从经济实质层面否定了租赁合同的界定，从源头上为纠纷的解决指明了道路，但可能是受限于财会和税务专业知识等原因，二审中并没有对 U 公司和 A 区国税局的诉求作出详细和明确的判决，仅仅是要求诉讼相关各方对存在问题行为予以重新纠正，责令 A 区国税局重新作出答复。关于何种答复才算是正确这一问题，浙江省高级人民法院在二审中并没有进行阐述，因而该税务纠纷最终的解决方案仍存在变数。

（三）基于税法普适性的机理再分析

1. 税法普适性理论。传统的制度经济学研究认为，由于个体的异质性和宏观环境的变化，并不存在绝对的普适性，但是基于对公平和公正原则的考量，相对的普适性应当是有效制度所必须具备，普适性应当具备以下三类特征：普遍性、确定性和开放性。而具体到税法和税收领域的普遍性应该具体包含三个维度，即时间、空间和主体。但是在现实环境中我国地域辽阔，空间特点千差万别，虽然时间是"均质"存在的，但是不同时期的税收政策环境和法律法规存在客观差异，因此，税收法规的空间和时间普遍性往往更加复杂。

为了后续研究的展开，采用蒋文超等（2016）对税法普适性的定义，即对于相同行业和同等规模状况企业的纳税规定应当保持一致性，并且对于不同纳税主体相同目的经济行为在同类税种中的征收要求也要保持一致性。具体到本案例中，税法普适性的要求可以界定为是全国范围内与 U 公司相同性质的应税行为在计算所得税时最终能够得到近似无差异的对待。

2. 我国现行税务行政复议体系。

（1）现行税务行政复议简述。U 公司于 2012 年第一次申请税务行政复议，在申诉流程和方式上依据的是国家税务总局发布的《税务行政复议规则》（以下简称《规则》），该规则于 2010 年 4 月 1 日正式实施，其中对行政复议的范围和程序等内容作出规定。如图 4 - 2 所示，按照被申诉主体的不同可以将现行的税务行政复议规则分为地税局、国税局、国家税务总局三部分。

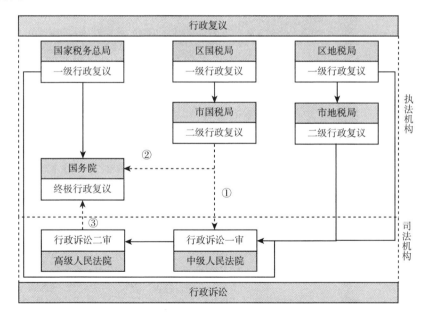

图 4 - 2　我国税务行政复议路径

注：该复议路径基于国税和地税合并之前的组织架构。

具体来看，对地税局行政行为有异议的，可以向上级地税局或税务局本级的人民政府进行复议申请；对地方国税局的行政行为有异议的，可以向上一级的国家税务局进行行政复议的申请；对国家税务总局的行政行为有异议，可以向国家税务总局进行行政复议的申请，如果对作出的行政复议结果仍然不服的，可以通过人民法院来提请具体的行政诉讼，此外也可以选择向国务院进行裁决申请，并且国务院裁决的结果作为最终的判决。其中对地税局行政行为存在异议时，企业一般选择向人民法院提起相关诉讼。

（2）现行税务行政复议的缺陷。该规则制定的初衷是为税务纠纷建立良性的解决机制，但是在执行逻辑上存在部分问题。

首先，争议解决路径选择存在较大的主观随机性和层级的错乱。例如，在该规则中指出对于国家税务总局和地税局的行政行为存在异议时既可以选择向上级税务机关申请复议，也可以向人民法院提起诉讼，规则中并没有指出两种路径选择的适用情况，选择更多的是比较主观和随机的，由于税务机关和法院审理人员和流程存在差异，专业知识的术业专攻也有所不同，因而这两种方法导致的裁决结果可能存在一定的差异。

其次，规则中并没有明确指出对国税局行政行为存在异议是否可以走法院诉讼程序（即图4-2中的虚线①），而在实践中部分企业在对上级国税局复议结果不满时重新走行政诉讼程序，得到税务机关的默许，说明国税局和地税局的行政复议路径可以相互参考，那么两者是否可以进一步参考国家税务总局的税务行政复议路径？即对人民法院的诉讼判决结果不认可时是否可以申请国务院做最终的行政复议（即图4-2中的虚线②）？

最后，在行政复议的概念界定上也存在一定的问题。行政复议的机构参与方应当为各级地方政府和中央的执法机关，包括各级地税局、国税局和国家税务总局，而各级人民法院属于司法机构，应该属于行政诉讼的概念，在性质上与行政复议存在一定的差异，但《规则》中将人民法院的行政诉讼也笼统地归入行政复议范围内，并且该《规则》对于行政复议程序的规定还存在部分模糊司法与立法职能权限的问题。

结合本案例可以看出，申诉方 U 公司如果对 A 区国税局行政行为有异议，那么其后续有向上一级税务机关申请行政复议和向人民法院提起诉讼两种途径可选，但是这两种途径产生的结果可能是不同的。此外，虽然 A 区国税局接受了浙江省高级人民法院的二审判决，但是从其提起二审的诉求来看，A 区国税局对于二审判决结果显然是不满意的。根据《规则》规定，在与国家税务总局相关的税务行政复议里国务院进行的裁决是最终裁决，那么 A 区国税局是否可以以此作为借鉴，向国务院提起最终行政复议？这些无法从《规则》中找到明确的答案。

3. 税法普适性视角的现行税务行政复议体系分析。一般认为税法和税收领域的普遍性主要包含时间、空间和主体三个维度，良好的普适性应该满足不同主体在不同时间和不同空间下能够得到较为一致的待遇。下面从这三个维度对 U 公司案例中反映的我国税务行政复议体系进行理论分析。

首先是空间维度。在国家大力引进民间资本的背景下，全国范围内 U 公司与政府合作模式应该不在少数，因而可以假定其他地区也有部分公司在所得税计算和缴纳方面处于与 U 公司类似的境地，我国现行的《规则》中没有对行政复议中各级税务机关审理行政复议的具体程序和判定依据作出规定，不同地区的国税局相关人员在工作能力和专业知识等方面也存在客观差异。并且由于我国是大陆法系国家，不存在判例借鉴的基础，各级税务机关在审理行政复议时基本不会参考借鉴其他地区已有的案例，因而最终会导致与 U 公司类似的企业在不同地区得到的行政复议结果可能存在差别，这就在空间范围内破坏了税法的普适性原则。

其次是主体层面，即税务行政复议中的各参与方，包括申诉方（一般为纳税企业）、被申诉方（一般为税务机关），行政诉讼中还会有人民法院的参与。由于现行《规则》对于税务行政复议管辖和行政复议被申请人的相关规定较为宽松，实质上在路径选择上给予申诉方很大的自主权，在实务中有的企业选择向上一级国税局申请行政复议，有的企业则向人民法院提起诉讼，国税局与人民法院作为不同的主体，在执业原则和专业胜任能力等方面也存在差别，因此，由于申诉机关选择的差异有可能会导致与 U 公司类似处境的企业在最终税务行政复议中得到不同的裁决和答复，这就在主体层面破坏了税法的普适性原则。

最后是时间维度。由于我国市场化改革较晚，法治建设存在一定的滞后性，为了适应社会和市场的迅速发展，新的法律条文更新较快，这就涉及新法的追溯力问题。基于制定初衷和执行便利程度等方面的考虑，我国新颁布的法律和条文之间在追溯力问题上并不统一，往往存在区别甚至存在矛盾，这也导致执法机关内部分工作人员对于不同法律的追溯力认识存在偏差。例如，本书中关于税收相关的新法追溯力问题，《中华人民共和国立法法》和《中华人民共和国税收征管法》给出的解释是矛盾的，A 区国税局在第一次行政复议时也是因为依据前者作出《税收问题通知》不追溯的错误答复。假设 A 区国税局关于新法追溯力的判定是正确的，那么会导致 2010 年 2 月 22 日前后的相同类型的应税行为所得税缴纳和征收存在较大差异，这也就会造成时间维度的差异。

此外通过对比研究发现，可能是出于执业要求和谨慎性的考量，我国人民法院在处理税务纠纷时，最终判决中不会给出指向性的结论，往往使用的是"驳回"和"责令重新作出行政答复"等开放式的措辞，这就导致不同时间或不同地区的税务机关在重新作出的答复还是存在变数和差异性。

(四) 政策启示

《"十三五"时期税务系统全面推进依法治税工作规划》对依法治税提出了目标要求和进度规划，对税务行政复议的完善具有引领意义，但措辞表述存在实际执行难度。结合 U 公司在 B 段人防工程商铺转让中所得税缴纳分歧的税务行政复议难题，基于完善税收立法、精简税务纠纷解决路径和增强纠纷处理结果的倒逼效应（见图 4-3），对我国税务行政复议和行政诉讼的配合机制提出以下改进建议。

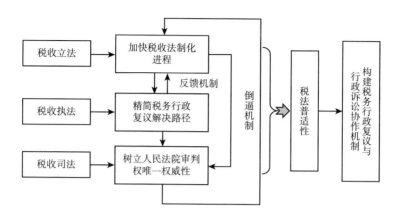

图 4 - 3 税收立法、执法和司法层面改进建议

1. 税收立法层面。

我国现阶段税收立法层级较低，税收法律体系还不完善，这也是赋税征收、税务纠纷解决等工作开展困难的根本性原因。针对此现状，可以邀请和聘任外部财会人才作为顾问团，并且通过征求意见稿的形式与社会各界加强立法沟通，尽快制定和完善税务行政复议的相关法律规范。

2. 税收执法层面。

（1）统一税务行政复议路径。现阶段我国《规则》中对税务纠纷的解决路径选择上给予申诉方很大的自主权，既可以选择向上一级税务机关申请行政复议，也可以向人民法院提起诉讼，这容易导致裁决程序的错乱和裁决结果的不可控。基于上述分析，建议纳税企业如果对税务机关的行政行为不认同时，其进行申诉的第一阶段是向上一级税务机关提起行政复议，税务机关给出的结论仍然不能接受时再选择向人民法院提起诉讼。

（2）增强税务机关体系在行政复议工作间的协同。这种协同包括横向和纵向两种，其中横向协同是指可以适度引入判例法的思维，税务机关在处理税务行政复议时可以借鉴以往其他税务机关的成熟做法，可以减少地区行政处理差异，在一定程度上保证税法的普适性。纵向的协同是指税务执法机关对税收立法机关的反馈机制，各级税务机关在处理行政复议时对于发现的问题应该及时向国务院等税收立法机关反馈。

（3）裁减人民政府层面的税务纠纷行政复议。因为我国各级人民政府本身没有设立专门机构也不具备相关专业人才与税务行政复议机制相对接，因此，人民政府本级处理税务纠纷在操作中很难实现，实务中很多纳税企业在遇到税务纠纷时也基本不会向当地人民政府申诉，建议在《规则》中取消关于对税务机关行政行为存在异议可以向本级人民政府提起复议申请的规定，将税务纠纷的解决权交给税务机关和人民法院。

3. 税收司法层面。

（1）落实人民法院审判权的唯一性和权威性，形成司法对制法的倒逼机制。在我国只有人民法院有权统一行使国家审判权，纳税企业或税务机关经过多次行政复议，仍然无法解决双方之间的分歧，可以向人民法院提起诉讼申请，由人民法院组织审理税务纠纷案件，对一审的判决结果诉讼中任何一方如果存在异议，则可以向高级人民法院提起二审，并且将高级人民法院的终审结果作为税务纠纷的最终裁决，这样会形成有效的倒逼机制，现阶段国务院作为税收条文规范的授权制定机构，应当确保其在税务纠纷的审理中无法实质性左右人民法院的判决结果，如果判决结果与其制定法律条文的初衷违背时，会倒逼国务院在编制法律条文时尽可能地严谨措施和明确指向。

（2）发挥各级税务机关和国务院的税收专业知识优势，做好司法机关的"智库"角色。在 U 公司案例中人民法院在审理案件中反映出其对法规精神和原则掌握准确，但是与税务相关的专业知识认识不足，国务院作为现阶段大部分税收法规条文的制定者可以在案件审理中对人民法院提供适当的建议和政策解释。

（五）结语

行政复议与行政诉讼是解决各类税费纠纷的有效途径，U 公司所得税征收问题等实务中的案例表明我国在完善行政复议道路上还有很长的路要走，如何界定行政机关的职责和权限，如何进一步规范和简化税费纠纷解决的流程和路径，如何建立复议与诉讼的协作机制，这些将是"十四五"期间行政复议改革的重要议题。

二、后经济危机时代我国税费制改革研究

2008 年经济危机后，国外需求疲软，出口受阻，GDP 增长率迅速回落，为了刺激经济政府出台了"四万亿计划"，但是投资对经济增长的推动作用是不可持续的（Paul Krugman，2015），过度投资导致的产能过剩加大了经济转型的难度。后经济危机时代面临严峻的经济形势，中央出台一系列稳增长政策，加快产业升级转型，淘汰落后的产能，推动软件、机器人、生物医药等高附加值产业和服务业的发展。税收作为宏观调控的重要手段也发挥积极作用，樊丽明和李昕凝（2015）的研究发现，经济危机后各国为防止经济进一步的恶化，"咬紧牙关"继续执行减税政策。

财政部和国家税务总局在税收政策方面也出台了多项政策，2015 年 9 月 22 日国家对汽车、轻工、机械、纺织四个领域的 18 个行业企业固定资产加速折旧进行扩围，预计企业能获得 50 亿元的减税。2015 年 10 月 1 日起，将对享受所得税减半征收优惠的小微企业进行扩围，将应纳税所得额的上限由原来的 20 万元提高到 30 万元，缴纳企业所得税时可按 20% 优惠税率。而针对煤化工行业目前的状况，相关部门正在对税收的优惠政策进行研究，消费税有可能较目前征收比例再减免约 30%，这些税收优惠举措能够显著缓解部分企业的资金压力。面对如此的减税潮，刘尚希（2015）认为，全面减税可能会激活已经落伍本该淘汰的行业，会降低对深化改革的诉求，进而引起严重的经济和社会危机。这些学者的担心不无道理，但是需要指出的是，减税是各国税制改革的共识（靳东升，2012），并且减税政策的推行和税收优惠对象的扩展并不等同于全面减税，这些税收减税政策的减免带有很强的方向性，而且税收改革本身就是深化经济改革的重要手段。

税收的减免政策应该遵循何种原则，这就引出了税收中性原则和税收效

率原则。在欧美国家资本主义发展过程中，市场这只"看不见的手"一度被认为是最有效的，具体到税收领域就是要让税收最小限度干预经济，即税收中性原则。但是历次经济危机表明市场也有失灵的时候，因而适当的宏观调控很有必要，应该通过税收调控优化市场资源的配置，即税收效率原则。我国市场经济发展时间较短，平衡市场和政府的关系一直是重要议题，在税收立法和执法层面对税收中性原则和税收效率关系的处理上还存在一定的问题，但是也要看到这种状况正在逐步改善，例如，营改增的实施促进了增值税趋向于税收中性（苏彦，2013）。

本书的贡献是以实务中的案例作为切入点以小见大，结合税收效率原则和税收中性原则分析我国税法体系中存在的问题，并创造性地提出配套性减税措施，希望为我国税制改革提供理论支持。

（一）即征即退税款的税务处理

浙江 W 公司成立于 2007 年 6 月 12 日，现为增值税的一般纳税人，主营业务是研发销售办公软件和提供相关维护服务，产品远销海外。近些年国外需求萎缩，公司产品中的低端软件销量锐减，在不考虑增值税情况下该公司2015 年实现销售收入 2 100 万元（不含后面提到增值税的即征即退税款）。全年费用、成本、税金及附加等项目扣除总计 1 300 万元。依据我国《关于软件产品增值税政策的通知》（以下简称《通知》）中的规定，W 公司销售自行研发软件符合相关的要求因而获得国税局即征即退增值税 176 万元税款，税务机关已经以现金的形式返还。公司管理层认为，单纯的低价策略已不能满足客户的潜在需求，为了加强产品的市场竞争力和加快软件开发进度，该公司在 2015 年 8 月收到即征即退税款后决定将这笔资金全部用于本年度软件的研究开发。

财务部门在年底核算公司 2015 年度应纳税所得额时将 176 万元划定为应税收入，并对 176 万元研发支出加计 50% 后扣除，因而最终应纳税所得额是：$2\,100 - 1\,300 + 176 - 176 - 176 \times 50\% = 712$（万元），W 公司这样处理的理由是：《通知》第五条中规定公司取得即征即退的增值税款后，如果将此项收入进行单独核算并全部投入软件的研发或扩大了再生产，那么该增值税即征即退税款可以不征税。其中，"可以"二字说法较为含糊，企业应该可以自行选择，W 公司放弃了对增值税即征即退税款的免税政策，将其计入应税收入。因此，"作为回报"公司将此项收入全部投入了研发中后，应该可以在应纳税所得额中加计扣除。

但是国税局在征收企业所得税时并不认可 W 公司财务部门的处理意见。税务机关认为，176 万元即征即退的税款作为"不征税收入"，不属于税收优惠，不在公司所得税征税范围内，因而不存在"放弃"问题。即便公司单方面将增值税的即征即退税款并入"应税收入"，依照《通知》规定，税务机关依然将此类收入列为"不征税的收入"，根据收入与费用匹配原则，将此项收入作为支出时也不允许在应税收入中扣除。如果将该税款用于研发支出时，也不能采用加计扣除的处理办法。因此，W 公司需要缴纳更多的税款。

关于 176 万元即征即退的增值税款的处理方法和应税收入的计算方面，征纳双方存在分歧。与大多数税务纠纷的处理结果类似，本案例最终的解决方案是采纳税务机构的解释。

（二）理论初探

W 公司与征税机关的分歧可以归纳为以下两个方面：一是公司是否有权放弃"不征税收入"；二是划为征税收入后，若用于研发支出能否加计扣除应纳税所得额。

关于增值税的即征即退税款的处理方法，本书有以下观点。从具体法规的措辞上分析：《通知》对于不征税收入采用的是"可以"二字，仅从字面上理解软件公司应该有权选择将增值税即征即退的税款划为"应税收入"，也可以划为"不征税收入"。但是这含糊的说法虽然没有明确说明"不可以"，但是也没有明确说明"可以"。

我国在税收立法方面成文的法律较少，行政规范较多，并且部分规定间存在一定的歧义。为了系统准确地解读法律法规制定者的意图，本书进一步从法理和相关配套政策法规层面推导。

（1）公司对即征即退的税款在所得税征收时是否有权选择免税的问题。首先要厘清所得税的征税范围，这就涉及"免税收入"和"不征税收入"两个概念，从法理上分析，企业所得税中的"免税收入"是国家出于经济、政治等目的，实施的免征所得税的优惠政策，即对本应该征税的部分进行了一定程度的减免，本质上讲，"免税收入"依然属于所得税征税范围。而"不征税收入"不属于公司的营利性活动收入或者不属于生产经营性质的收入，不满足可税性，所以不在企业所得税征税范围内。这在更高级别法律规定中得到了印证，我国《中华人民共和国企业所得税法》在"税收优惠"这一章中提到了"免税收入"，而没有出现"不征税收入"的相关字样。说明"不征税收入"本身就不是应税项目，所得税的征收和减免更是无从谈起。由此可知，判断增值税即征即退的税款是否可以在所得税征收中免税的关键，是界定该款项是"免税收入"还是"不征税收入"。

关于"不征税收入"，《企业所得税法实施条例》在第二十六条规定，不征税收入是指经由国务院的财政和税务主管部门上报国务院批准，企业获得的特定用途财政性的资金。《财政部 国家税务总局关于财政性资金、行政事业性收费、政府性基金有关企业所得税政策问题的通知》对财政性的资金作出了定义：由政府及相关部门提供的财政补贴、补助等各类的专项资金，包含即征即退、先征后退的税收以及直接减免的增值税等形式。由此可以认定 W 公司用于软件研发增值税的即征即退税款既是财政性资金，也属于"不征税收入"。

所以 W 公司的增值税即征即退的税款本身就在所得税征税范围之外，不存在放弃与不放弃的问题。即"免税收入"可以放弃免税，"不征税收入"却不能放弃不征税。

（2）对返还的税款能否加计扣除问题进行分析。《税收问题通知》规定，公司取得的免税收入用于成本支出和费用时，可以在扣减企业的应纳税所得额的同时享受加计扣除的优惠，而公司不征税收入对应支出产生的资产或费用不能扣除应纳税所得额。由此可知，W公司增值税即征即退的税款作为"不征税收入"不能抵扣应纳税所得额。

综上所述，基于对我国现有的税收相关政策法规的理解，W公司176万元增值税即征即退税款在税务处理中既不能计入应纳税所得额，也不能将其用于研发支出的费用加计扣除，因此，本案例最终解决方案中采纳税务机构的意见是准确的。

通过W公司增值税的即征即退税款税务纠纷，反映出两个问题：一是我国在税收优惠方面经常采用直接减免和现金返还的形式，这种操作方法的优势是过程透明、见效快，但是本案例中对于退还税款用于研发支出后不能享受加计扣除优惠的处理，会导致返还税款的优惠链条到所得税环节停止，无法通过所得税税收调节进一步引导企业的行为，会在一定程度上抵消直接减免的优势。二是通过查阅其他地区税务政策文件发现，不同地区税务机关的处理立场存在一定的差异。例如，南京市为了推动软件行业的发展，为软件企业打造"专项"的服务，并提供了一系列的税收优惠，因而这些地方的税务机关对于软件企业会更加"照顾"，面临与W公司类似情况时采取的征税办法可能更倾向于公司的意见。为了进一步研究我国税收征管存在的问题，本书结合税收中性原则和税收效率原则作出进一步的分析。

（三）基于税收中性和税收效率原则的再分析

1. 理论的定义与分析。

（1）税收中性原则。税收中性的类似理念最早出现于亚当·斯密（1776）的著作《国富论》中，他倡导自由竞争和自由放任的市场经济，认为最少的税收是最好的税收，税收不应该影响个体经济的配置，这为税收中性原则奠定了思想基础。英国的新古典学派代表人物马歇尔（1890）在《经济学原理》中首次明确提出了税收中性原则,他运用消费者剩余和供需曲线概念,发现在市场中加入税收因素后,破坏了原有经济活动的效益和成本关系,产生了"税收额外负担",进而扭曲了资源配置。因此,他提出政府征税时要考虑尽量降低对经济运行的不正当干扰,尽可能使纳税人超额负担趋近于零。

哈耶克等经济学家对税收中性原则的核心观点作了诠释,主要有两点:一是税收对经济活动的扭曲和干扰影响应该减少至最低限度;二是税收使纳税人因纳税而损失或牺牲以征税额为限,最好防止其他经济损失的产生,即不应该产生其他额外的负担。

税收中性原则的内涵可以从"量"和"度"两个方面去理解。既要降低税收对经济活动干预作用的"度",也要尽可能减少因征税行为而使纳税人个体或社会承受超额负担的"量"。税收中性的目的就是通过减少经济干预和提高税收的效率来保持市场活力。这就引出了另一个重要概念——税收效率原则。

(2)税收效率原则。税收效率原则是指以最小的物力和人力等费用投入取得最多税收收入,并且运用税收的调控作用最大限度上促进市场经济发展,或最大限度上降低税收对市场经济的妨碍。税收效率原则的核心内容分为三个方面,首先是提高税收征管的行政效率,最大限度降低征税产生的费用;其次是尽可能降低税收带来的超额负担;最后是税收征管要有助于市场资源达到最佳的配置,实现帕累托最优。根据上述定义可以将税收效率原则分为税收行政效率原则和税收经济效率原则。

本书中 W 公司增值税即征即退税收处理中并没有涉及税收征管效率和征收成本问题,更多的是体现税收对企业投资决策(即经济行为)的影响,因此,本书中的税收效率问题主要是税收的经济效率。

关于税收经济效率原则,西方部分学者认为,"应该根据不同的情况,通过差异化税收政策,积极地对经济活动进行干预,从而实现对供给与需求的调节,引导资源进行合理的配置,促进市场机制发挥出最大的效率"。

2. 税收中性原则、税收效率原则与案例的衔接分析。

（1）税收效率原则与 W 公司案例。本书通过对相关的法律规范的分析，在法理上认同税务机关对 W 公司的观点，但是"对错"之外更应该进一步分析政策的"好坏"。即 W 公司税务纠纷中反映的第一个问题——增值税的即征即退税款用于研发支出后无法加计扣除所带来的影响。

我国作为发展中国家，市场机制还有待完善，市场"这只看不见的手"在经济运行中的作用有待加强，因此，政府适当的管控依然十分有必要，后经济危机时代税收效率原则在我国的重要意义是通过税收调控优化市场资源的配置，加快产业升级转型，淘汰落后的产能，引导资金投入附加值更高的高新技术产业和服务业，例如，IT 软件、生物医药等。《关于软件产品增值税政策的通知》关于软件企业的增值税即征即退款可以看作国家引导和帮助软件企业发展壮大的重要举措，有利于节省软件企业的支出，为企业发展节约了宝贵资金，但是如果没有配套政策——即不能将用于研发的返还税款在应纳税所得额加计扣除，那么会使好的政策大打折扣。虽然税收对于 W 公司整体经营战略的影响有限，但是也不能忽视其对部分款项使用决策的影响。因为基于"理性经济人"假设，个体都是理性和自利的，对于企业来说就是要追求利润的最大化。如果退还的税款用于研发得不到所得税税收上的优惠，那么会使 W 软件公司可能放弃将返还税款用于研发支出的计划，转而选择短期回报更高的项目。由此产生的后果是这一方面由于研发投入不够导致企业的创新能力依旧匮乏；另一方面会导致部分短期见效快的项目投资过度。既不利于实现整体经济的升级换代，也显然违背了国家优化资源配置的初衷，没有实现税收的经济效率。

（2）税收中性原则与 W 公司案例。暂且不评价浙江税务机关处理意见是否正确，W 公司税务纠纷案例分析中反映的第二个问题——不同地区税务机关的处理立场不同，这与税收中性原则是对应的。现阶段我国关于增值税的即征即退税款用于研发支出能否加计扣除应纳税所得额，不同地区税务机关的处理意见存在差异，当税收法规表述不清晰有歧义时，如果各地区税务机构能够及时协调、统一口径，那么会在一定程度上降低歧义产生的负面影响。但我国有时发生 A 地区税务局不认可 B 地区税务局对税收规章的解读。不同税务局之间也没有很好的沟通和交流，这又使立法上的歧义在执行过程中被放大为个体税收待遇上的差异。

上述原因导致的结果就是：W 公司将该笔税款用于研发支出后，由于不能加计扣除减税，导致单从短期收益来看投资研发还不如投资理财项目合适，这使管理层投资科研的动机受到极大的削弱；而另一些地区的软件公司返还税款用于研发能够额外抵税，无形之中降低了企业的研发支出，那么他们会更愿意扩大科研投入。这会导致相同的公司面临类似情况由于缴纳的税款不同，他们的投资决策和市场决策受到了影响，影响了市场资源的配置。并且由于税收规定上的歧义，导致企业在政策理解和运用方面花费了更多的人力和物力成本，这显然与税收中性原则背道而驰，也不利于企业间的公平竞争。

（3）W 公司案例中税收效率原则与税收中性原则的关系。W 公司案例中税收中性原则与税收效率原则的主要区别是两者关注的要点不同：税收中性原则关注的是税收是否影响了 W 公司的投资决策，W 公司与其他公司在面临即征即退税款能否加计扣除问题时是否得到了无差别对待。而税收效率原则关注的是受到税收政策影响后 W 公司作出的决策是否最有利于资源合理配置。

两个原则对税收作用的观点看似矛盾，但也存在交集。与工业革命后欧美等发达国家市场经济的发展历史表明市场不是万能的，宏观调控仍然必不可少，对于宏观政策目标要制定配套的税收政策，促进资源合理配置，遵循税收效率原则。在制定税收法规时尽量减少措辞上的歧义，执行时不同地区税务机关加强协调，使得与 W 公司类似的企业得到一致的对待，促进公平竞争，遵循税收中性原则。

关于税收中性原则、税收效率原则与爱维公司案例的关系逻辑如图 4 - 4 所示。

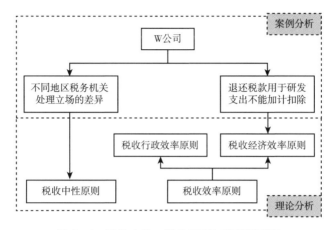

图4-4　税收中性、税收效率与案例的联系

注：该复议路径基于国税和地税合并之前的组织架构。

（四）结论与建议

W公司增值税的即征即退税款案例虽然是与税收执法机构的意见纠纷，但是通过前面的分析不难发现，这种现象反映出立法和执法层面都存在问题，我国实行分税制改革以来在增加税收和发展经济方面取得了长足的发展，但税收立法工作进展缓慢，导致行政法规、暂行条例有歧义导致税务纠纷时难以解决。本书从立法和执法层面提出以下建议。

1. 实施跨税种的配套性税收优惠，实现效果的事半功倍。近些年我国来对高新技术产业、出口型产业和小微企业制定了一系列的税收优惠，释放了巨大的政策利好，但是这些优惠政策大多数局限于单个税种，例如对小微企业所得税的优惠。而一般而言企业在经营过程中十分复杂，会涉及增值税、所得税等多个税种。单一的优惠政策导致税收减免很难传导至整个经营流程，削减了税收优惠对于企业决策的引导效果。减税的政策法规间配套和协调较差，导致税收减免政策效果不尽如人意。

因此，本书提出配套性减税，与我国正在推行的结构性减税不同，结构性减税是针对特定税种实现削减税负水平的目标配套性减税是指为了达成同一调控目标，在不同税种减免政策上进行协调，例如，W公司因为符合《关于软件产品增值税政策的通知》的要求获得 176 万元的即征即退税款，为了引导公司将这笔税款用于研发，在制定企业所得税相关法规时可以允许用于研发支出的返还税款加计扣除所得税的应纳税所得额，这样既符合《关于软件产品增值税政策的通知》制定时的预期效果，也达到了税收的经济效率。

对于配套减税是否会影响财政税收的稳定，本书从以下两个方面予以分析。首先，配套减税对于企业行为引导作用明确，效果远好于单个税种"独立作战"，理论上可以换来更大的效果，因此，单从数据来看未必会显著减少税收，并且配套减税后促进企业发展、激发经济活力，税基的增长会一定程度上抵消税收减免带来的财政压力。

其次，国家一直推行实施简政放权政策，缩减事权会进一步降低对财权的需求。需要指出的是相对于整体经济下行压力，我国税负存在整体较重和增长过快问题，如表 4 - 1 和图 4 - 5 所示。

表 4 - 1   2002 ~ 2014 年税收增长率和 GDP 实际增长率

项目	2002 年	2003 年	2004 年	2005 年	2006 年	2007 年	2008 年	2009 年	2010 年	2011 年	2012 年	2013 年	2014 年	平均
税收增长率	0.153	0.135	0.207	0.191	0.209	0.311	0.189	0.098	0.23	0.226	0.121	0.098	0.088	0.1735
实际 GDP 增长率	0.091	0.100	0.101	0.113	0.127	0.141	0.096	0.092	0.105	0.093	0.077	0.077	0.073	0.0989

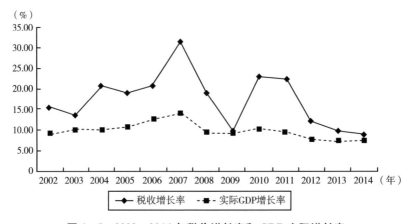

图 4 - 5   2002 ~ 2014 年税收增长率和 GDP 实际增长率

资料来源：取自各类统计年鉴。

可以看出绝大部分年份，我国税收增长率都远高于实际 GDP 的增长率，虽然国家税务总局从价格因素、统计口径和税收结构等五个方面作出了解释。但韩艺和张军（2010）通过研究发现，尽管国家税务总局的解释具有可信度，但是我国税负过重的问题仍然存在，因而可以认为我国还存在较大的减税空间。

2. 在执法层面加强不同地区税务机关对于税收法规执行上的统一与协调。通过定期开展交流活动，建立应急沟通渠道等手段。加强对有歧义的税收条文处理意见的交流和统一，从而减少由于征税机构不同导致的税收差异，为不同地区企业竞争营造公平的税收环境。

如图 4 - 6 所示，本书在立法层面提出建议一，在税收执法层面提出建议二。其中建议一"配套性减税措施"能够以较小的税收优惠换来更大的定向税收减免效果，因而具有放大政策红利的效果，满足税收经济效率原则；而建议二是从执法层面保证税收中性原则的履行。

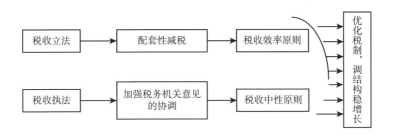

图 4 - 6　税收立法、执法层面综合改进建议

（五）结语

W 公司案例作为我国税收征管现状的缩影，很大程度上反映了我国在税收立法和执法方面存在的问题。作为新兴的发展中国家，我国的改革之路还很漫长，对于税收中性和税收效率等原则的取舍和平衡将是今后很长一段时间税制改革的主要议题。

第二节　涉企收费的优化路径

"十三五"时期以来所完成减负规模在我国历史上是空前的,但不同于早期改革的大刀阔斧、成绩显著,新时期涉企收费清理工作遇到了瓶颈,集中体现为收费概念弱化、费用项目间相矛盾、乱收费现象反复等问题。相较于减税的长期性,减负目标下涉企收费亟须确立自身的政策定位。

一、完善"三权制衡"视阈下的征管机制

行政发包引发的多方管控是涉企收费征管难题的重要原因,通过省级主管部门集中监督收费项目制定过程,税务机构统一代收涉企行政事业性收费和政府性基金的费用项目,行政复议局汇总处理收费争端,简化涉企收费的制费主体、集中征费途径和构建裁费行政复议,在一定程度上完成制费主体、执收主体与纠纷裁决主体的分离,实现广泛意义上的涉企收费"三权制衡",推进与维护公正、专业与客观的市场经济理念。

(一)构建涉企收费"裁费"的行政复议规则

我国涉企收费裁费环节做得较为完善的是自查和上级部门检查,由于中心化网站和电话承载能力有限,"以点对面"的处理模式很难保证反馈的及时性,导致社会监督略显不足。涉企收费征收过程中产生的纠纷如何构建有效申诉的渠道?除了司法诉讼,行政复议是一个有效的解决途径。

涉企收费与税收共同组成了政府财政收入的主要来源,两者在制定目的、征收方式等方面存在诸多相似之处,也同为企业减负的重要政策抓手,因而可以借鉴税收领域的行政复议经验。前面研究中对税务行政复议的框架体系做过梳理,为保护纳税人和其他税务当事人合法权益,对不当或违法税

务行政行为进行纠正和阻止，监督各级税务机关依法办事。国家税务总局于 1999 年 9 月制定并颁布了《税务行政复议规则（试行）》，并基于经济发展新形式和政策制定新目标多次修订该规则，最新一版于 2016 年 2 月 1 日起审议执行。税务行政复议的主要参与者为纳税方（包括纳税人、纳税担保人和扣缴义务人）、税务机关、人民政府和人民法院，复议的内容包括征税行为、行政审批和行政许可行为、发票管理行为、税收强制执行和保全措施、行政处罚等十二类行为。行政复议还设立了强制性的前置条件，《税收征收管理法》规定，纳税人、纳税担保人和扣缴义务人与税务机关发生税收争议，在缴纳、解缴税款和滞纳金，或提供了相应担保后即具备申请行政复议资格。

我国部分省份已经具备构建独立涉企收费行政复议机制的组织基础。2015 年 9 月全国首家行政复议局在浙江省义乌市正式挂牌成立，按照省政府批复，2016 年 9 月黄岩区、桐庐县两地的行政复议局挂牌，2016 年 7 月浙江省行政复议局正式设立。按照《浙江省人民政府关于深化行政复议体制改革意见》的要求，2017 年浙江省内所有区市基本实现行政复议体制改革，2018 年底浙江省基本完成行政复议体制改革。浙江省行政复议改革的核心内容包括以下两项：一是正式设立行政复议局，通过完成独立人员配备和独立机构配置，打造一支专业性强、稳定度高、客观公正的行政复议组织队伍，原有的行政复议由各部门相应科室或法制部门受理，缺乏足够的独立性，行政复议局的能够有效保证行政复议审理的专业性与中立性。二是行政复议案件受理实行政府集中统一管辖，由行政复议局"一口对外"。行政复议被申请人为同级政府不同部门的，由本级政府行政复议局统一受理，极大地改变了行政复议过于分散的管辖体制。

在浙江省行政复议体系较为完善的基础上可以构建涉企收费专项行政复议机制，在省级行政复议局和各区县级行政复议局设立涉企收费处理专项小组，负责集中审理本级政府职能部门的行政复议案件并开展相应的行政应诉事宜。对于市、区、县范围内政府机构和社会组织的涉企收费纠纷由该级政府下设的行政复议局统一处理，对于裁决结果不满意的行政复议申请人享有二次复议权利，可以向上级政府的行政复议局提起申诉。在各地各级行政复议局内部引入专家顾问团，对于不同领域涉企收费纠纷邀请组织相关专家一同审理。涉企收费行政复议的建立除了能够对制费和征费环节的问题纠偏，也会以裁决结果的方式倒逼基层官员认真落实降费政策。

（二）简化涉企收费的"制费"主体

在涉企收费制费环节，针对制费主体多元化的问题，探索简化收费主体，集中收费项目制定权。当然基于地域差异、成本收益以及时效性考量，在全国范围内推行单一主体制定所有收费项目缺乏足够的可行性，可以在每个省级行政区划单位内部分实现"制费"主体的统一。通过设立两级触发机制，当涉企收费金额小于设定的阈值时，允许由各地各级主管职能部门按照相关法律规范的要求制定和调整涉企收费标准，但是对于新增收费项目需要召开价格听证会，邀请涉及的相关企业和社会组织代表参加，并及时公示调整后的收费清单。当涉企收费金额大于设定阈值的，会触发特殊制费程序，各地各级主管职能部门除了按照法规要求举行听证会还需要将制定的涉企收费项目、收费范围、收费标准草案提请省级主管部门统一审核，即金额较大的涉企收费项目省级以下地方机构只有草案制定和提请权，具体的审核和确定权归省级主管行政部门所有。

此外，要适时推进我国涉企收费相关政策文件的立法工作（程行云，2014），提高涉企收费相关工作的权威性，对实施主体、实施程序、基本原则和收费种类等进行明确。

（三）集中涉企收费的"征费"途径

2018年6月15日，全国36个省级新税务机关进行统一挂牌，宣告各省（区、市）级的国税局与地税局合并基本完成，标志着税收征管体制改革取得重要进展。根据2018年3月21日中共中央印发的《深化党和国家机构改革方案》，省级和省级以下国税与地税机构合并后，将承担辖区域内各项税收和非税收入的征管，其中，非税务征收包括行政事业性收费收入、政府性基金收入、罚没收入、特许经营收入、有偿使用国有资源收入、国有资本收益、中央银行收入、以政府名义接受捐赠的收入、政府收入的利息收入以及其他非税收入。

在涉企收费征费环节，政府性基金、行政事业性收费等由税务部门统一征收的费用已基本符合规范征收、集中管理的理念，对于经营服务性收费、行业商业协会中由各个经营主体单独收取的收费项目应试点"一费制"执收模式，由提供有偿服务、场所或技术的机关单位、企业和其他社会组织，按照市场化的收费标准以清单形式告知费用信息，企业在月末到银行集中缴纳各个类别的涉企收费。集中"征费"途径，方便了企业的缴费流程，节约了政府的管理成本。

二、推进降费政策与信息公开机制

为扎牢经济发展根基，稳定社会各界的政策预期，我国需要继续落实制度性降费政策，协同推进减税降费与"放管服"改革，在实现降费普惠性的同时加强政策精准性与指向性。针对降费政策实施效果的地区性和行业性差异，有必要继续优化收费清单制度，尽快构建突出统一性兼顾差异化的清单定期公示机制。现阶段信息公开机制亟须解决两个问题：一是政务信息披露的统一性和及时性，以涉企收费为例，各省份公示的清单中收费分类标准存在差异，且部分地区清单更新频率较慢。应基于建设全国统一"大市场"的文件精神，强化对信息公示渠道、信息披露频次、内容格式的一致性规定。二是"主动公开"与"依申请公开"协同机制，前者为点对面，是政府主动公平信息，涉企收费清单制为典型代表。后者为点对点的信息提供方式，是保证市场主体信息获知权的重要补充，但现行《政府信息公开条例》下的依申请公开缺乏可操作性。应加快立法，确立主动公开为主、依申请公开为辅的信息披露机制，并完善操作流程与规范，使申请人与行政机关皆有章可循。

清单制引发的正向"竞争"与负向惩罚性激励对推行中央降费政策发挥了积极的监督作用，以此为契机倒逼地方政府提升专项工作绩效，实现更为广泛的优化营商环境目标，激发企业的经营意愿和政策获得感。推而广之，我国其他具备行政发包管理特征的政务领域同样可以借鉴清单制度，通过政府信息强制公开，例如，政策落实结果定期公示，实现社会监督与业绩考核的透明化和公开化，推进中央各项政策在全国范围内的顺利执行。我国其他政务领域同样可以通过清单制度公开政府信息，提升政策效果。

三、审慎应对涉企收费"减负强度"

近些年在美国、欧盟积极为企业减税的大环境下，我国政府提出"抢跑"意识，大力在税收和涉企收费领域谋划一系列积极性举措，相关学者和行业专家也积极献计献策，减税降费趋势与中国经济高质量发展格局相契合。

本书研究希望在国内热烈的减负氛围中引发一些冷静思考，提出"降费强度"的概念。企业负担过多的收费项目固然不利于市场发展，但无限制地清理涉企收费，有悖于成本补偿原则的过度减费也不可取。尤其是近些年来部分省份出现了竞争性降费的趋势。经济体制改革的核心问题是处理好政府与市场的关系，"有限政府"未必是弱政府，"有为政府"的正常运转需要有足够财政收入作为支撑。涉企收费既是财政收入的重要基础，也是政府实现调控需求供给、社会管理和促进经济结构优化的有效手段，因此，在企业和政府利益之间寻求涉企收费清理的最优程度将是新时期政策制定的难点和重点，也契合了新时代复杂化、多样性的宏观调控内涵。

参考文献

［1］蔡斯敏．组织为谁代言：社会治理中商会多重身份的演变［J］．深圳大学学报（人文社会科学版），2014（5）：106－112．

［2］冯俏彬．进一步加大收费清理规范力度助力供给侧结构性改革［J］．中国财政，2016（11）：18－20．

［3］高雷，张杰．公司治理、机构投资者与盈余管理［J］．会计研究，2008（9）：64－72，96．

［4］国家税务总局税收科学研究所．中国税收研究报告［M］．北京：中国财政经济出版社，2012．

［5］韩阳，宋雅晴．非公经济人士对健康政商关系的影响及其治理［J］．重庆社会主义学院学报，2015，18（5）：42－47．

［6］何平．企业税费负担问题研究及政策启示——基于对我国中部省份的调研分析［J］．价格理论与实践，2017（10）：22－25．

［7］黄少卿，潘思怡，施浩．反腐败、政商关系转型与企业绩效［J］．学术月刊，2018，50（12）：25－40．

［8］李昊洋，程小可，姚立杰．机构投资者调研抑制了公司避税行为吗？——基于信息披露水平中介效应的分析［J］．会计研究，2018（9）：56－63．

［9］李明，李德刚，冯强．中国减税的经济效应评估——基于所得税分享改革"准自然试验"［J］．经济研究，2018，53（7）：121－135．

［10］李延喜，曾伟强，马壮，陈克兢．外部治理环境、产权性质与上市公司投资效率［J］．南开管理评论，2015，18（1）：25－36．

［11］李颖．全口径计算下中国间接税规模特征、国际比较及对策［J］．经济与管理研究，2016，37（7）：112－120．

［12］林永坚．利润平滑与机构投资者持股的关系检验［J］．财会月刊，2017（24）：25－30．

［13］季勇，黄娟娟，黄倩．税务执法行为存在的问题及改进刍议．税务研究，2015（8）．

［14］贾康，程谕．论"十二五"时期的税制改革——兼谈对结构性减税与结构性增税的认识［J］．税务研究，2011（1）．

［15］蒋文超．我国税务行政复议与行政诉讼的协作机制研究——基于税法普适性视角［J］．财会月刊，2017（10）：90－94．

［16］蒋文超．我国涉企收费的分类体系构建与政策研究［J］．价格理论与实践，2018（3）：63－66．

［17］蒋文超，周丽颖，刘玉龙．税收效率、税收中性与税制改革——以浙江爱维公司为例［J］．财会月刊，2016（26）．

［18］金戈．最优税收与经济增长：一个文献综述［J］．经济研究，2013（7）．

［19］吕冰洋，郭庆旺．中国税收高速增长的源泉：税收能力和税收努力框架下的解释［J］．中国社会科学，2011（2）．

［20］司海涛．我国机构投资者调研上市公司现状综述［J］．产业创新研究，2018（8）：39－42．

［21］苏彦．从税收中性原则看我国营改增试点［J］．财会月刊，2013（6）．

［22］苏政，孟天广．在权力与财富之间：政商关系及其分析视角［J］．

国外理论动态，2015（11）：54－62.

［23］孙光国，刘爽，赵健宇．大股东控制、机构投资者持股与盈余管理［J］．南开管理评论，2015，18（5）：75－84.

［24］谭劲松，林雨晨．机构投资者对信息披露的治理效应——基于机构调研行为的证据［J］．南开管理评论，2016（5）：115－126，138.

［25］田志龙，陈丽玲，李连翔，何金花．中国情境下的政商关系管理：文献评述、研究框架与未来研究方向［J］．管理学报，2020，17（10）：1564－1580.

［26］王汉生，王一鸽．目标管理责任制：农村基层政权的实践逻辑［J］．社会学研究，2009（2）：61－92.

［27］王珊．投资者实地调研发挥了治理功能吗？——基于盈余管理视角的考察［J］．经济管理，2017，39（9）：180－194.

［28］王智烜，邓秋云，陈丽．减税降费与促进高质量就业——基于PVAR模型的研究［J］．税务研究，2018（6）.

［29］吴联生．国有股权、税收优惠与公司税负［J］．经济研究，2009，44（10）：109－120.

［30］吴珊，李青．当前我国企业宏观税负水平与结构研究——企业宏观税负的国际比较及政策启示［J］．价格理论与实践，2017（1）：31－35.

［31］夏后学，谭清美，白俊红．营商环境、企业寻租与市场创新——来自中国企业营商环境调查的经验证据［J］．经济研究，2019，54（4）.

［32］肖虹，曲晓辉．R&amp；D投资迎合行为：理性迎合渠道与股权融资渠道？——基于中国上市公司的经验证据［J］．会计研究，2012（2）：42－49，96.

［33］闫海潮．公共治理视角下行业协会商会研究——现状、反思与展望［J］．北京交通大学学报（社会科学版），2017，16（4）：111－117.

［34］杨海燕，韦德洪，孙健．机构投资者持股能提高上市公司会计信息质量吗？——兼论不同类型机构投资者的差异［J］．会计研究，2012

（9）：16 - 23，96.

[35] 杨兰品，孙孟鸽. 政商关系演进的创新效应研究——基于不同所有制企业比较的视角 [J]. 经济体制改革，2020（2）：194 - 199.

[36] 杨鸣京，程小可，李昊洋. 机构投资者调研、公司特征与企业创新绩效 [J]. 当代财经，2018（2）：84 - 93.

[37] 杨侠，马忠. 机构投资者调研与大股东掏空行为抑制 [J]. 中央财经大学学报，2020（4）：42 - 64.

[38] 杨雪冬. 压力型体制：一个概念的简明史 [J]. 社会科学，2012（11）：4 - 12.

[39] 杨宜勇，魏义方，顾严. 必须高度重视涉企收费的规范问题 [J]. 价格理论与实践，2016（4）：21 - 25.

[40] 余红艳，沈坤荣. 税制结构的经济增长绩效——基于分税制改革20年实证分析 [J]. 财贸研究，2016（2）.

[41] 喻中. 三权制衡理论的终结与当代中国权力监督理论的重建 [J]. 理论与改革，2002（3）：90 - 91.

[42] 张琦，方恬. 政府部门财务信息披露质量及影响因素研究 [J]. 会计研究，2014（12）：53 - 59.

[43] 郑建新. 全面规范非税收入管理加快建立现代财政制度 [J]. 财政研究，2014（10）：42 - 44.

[44] 钟芳，王满. 机构投资者实地调研能促进企业实施股权激励计划吗？[J]. 现代财经（天津财经大学学报），2020，40（6）：99 - 113.

[45] 周和平. 多措并举清收费 综合施策降成本 [J]. 价格理论与实践，2017（10）：16.

[46] 周俊，张艳婷，贾良定. 新型政商关系能促进企业创新吗？——基于中国上市公司的经验数据 [J]. 外国经济与管理，2020，42（5）：74 - 89，104.

[47] 周黎安. 行政发包制 [J]. 社会，2014，34（6）：1 - 38.

［48］周黎安．再论行政发包制：对评论人的回应［J］．社会，2014，34（6）：98－113.

［49］周雪光．运动型治理机制：中国国家治理的制度逻辑再思考［J］．开放时代，2012（9）：105－125.

［50］李俊霖．宏观税负，财政支出与经济增长［C］．中国青年经济学者论坛．经济研究编辑部；浙江大学，2007.

［51］刘昶．宏观税负、市场化与经济增长：基于供给侧结构性改革视角的分析［J］．宏观经济研究，2017（10）：41－53.

［52］郭庆旺．减税降费的潜在财政影响与风险防范［J］．管理世界，2019，35（6）：1－10，194.

［53］申广军，陈斌开，杨汝岱．减税能否提振中国经济？——基于中国增值税改革的实证研究［J］．经济研究，2016，51（11）：70－82.

［54］田志伟，王再堂．增值税改革的财政经济效应研究［J］．税务研究，2020（7）：26－31.

［55］何代欣，张枫炎．中国减税降费的作用与关键环节［J］．经济纵横，2019（2）：49－55.

［56］陈小亮．中国减税降费政策的效果评估与定位研判［J］．财经问题研究，2018（9）：90－98.

［57］秦闻．注册会计师视角下的减税降费政策成效研究［J］．财政监督，2019（3）：21－24.

［58］马海涛，王紫薇，黄然．我国减税降费的政策效果评估——对政府收支的影响及对策分析［J］．经济研究参考，2020（13）：5－19.

［59］尹李峰，李淼，缪小林．减税降费是否带来地方债风险？——基于高质量税源的中介效应分析［J］．财政研究，2021（3）：56－69.

［60］李戎，张凯强，吕冰洋．减税的经济增长效应研究［J］．经济评论，2018（4）：3－17，30.

［61］张斌．减税降费的理论维度、政策框架与现实选择［J］．财政研

究，2019（5）：7 – 16，76.

［62］白庆辉，唐维模. 供给经济学"减税"的基本理论及启示［J］. 税务研究，2016（9）：68 – 70.

［63］何邓娇，孙亚平. 减税降费对财政收入的影响——基于广东省的分析［J］. 湖南财政经济学院学报，2021，37（2）：41 – 50.

［64］肖志超，郑国坚，蔡贵龙. 企业税负、投资挤出与经济增长［J］. 会计研究，2021（6）：19 – 29.

［65］肖志超，胡国强. 会计信息预测宏观经济增长的实现路径：盈余传导与风险感知［J］. 财经研究，2018，44（1）：61 – 74.

［66］郭月梅，史云瑞. 减税降费背景下中国地方财政压力的测度［J］. 广西财经学院学报，2021，34（5）：29 – 43.

［67］蒋文超. 收费清单制、地方政府效率与企业减负效应［J］. 地方财政研究，2020（6）：41 – 50.

［68］李晓乐. 企业减税降费、经济增长与财政优化——基于日本都道府县动态面板数据的实证测算［J］. 地方财政研究，2020（1）：101 – 112.

［69］Ai Y, Lian H, Zhou X. The Limit of Bureaucratic Power in Organizations: The Case of the Chinese Bureaucracy［M］. Emerald Group Publishing Limited, 2012.

［70］Andrei Shleifer and Robert W. Vishny. Corruption［J］. The Quarteerly Journal of Economics, 1993, 108（3）：599 – 617.

［71］Atif Mian and Asim Ijaz Khwaja. Do Lenders Favor Politicaiiy Connected Firms? Rent Provision in an Emerging Financial Market［J］. Quaryerly Journal of Economics, 2005, 4（120）：1371 – 1411.

［72］Balsam S, Krishnan J, Yang J S. Auditor Industry Specialization and Earnings Quality［J］. Auditing: A Journal of Practice & Theory, 2003, 22（2）：71 – 97.

［73］Bertrand M, Kramarz F, Schoar A. Politically Connected CEOs and

Corporate Outcomes: Evidence from France [R]. Working Paper, 2005.

［74］ Bushee B J, Matsumoto D A, Miller G S. Open Versus Closed Conference Calls: The Determinants and Effects of Broadening access to Disclosure [J]. Journal of Accounting & Economics, 2003, 34 (1 – 3): 149 – 180.

［75］ Desai M A, Dyck A, Zingales L, Theft and Taxes [J]. Journal of Financial Economics, 2007 (84).

［76］ Cheng Q, Du F, Wang X, et al. Seeing is Believing: Analysts' Corporate Site Visits [J]. Review of Accounting Studies, 2016, 21 (4): 1245 – 1286.

［77］ Frye Timothy, Shleifer Andrei. The Invisible Hand and the Grabbing Hand [J]. The American Economist, 1997, 27 (2): 154 – 158.

［78］ Gebreeyesus M. A Natural Experiment of Industrial Policy: Floriculture and the Metal and Engineering Industries in Ethiopia [A]. Page J, F. Tarp. The Practice of Industrial Policy: Government-Business Coordination in Africa and East Asia [C]. Oxford: Oxford University Press, 2017.

［79］ Guajardo B J, Leigh D, Pescatori A. Will It Hurt? Macroeconomic Effects of Fiscal Consolidatio [R]. IMF World Economic Outlook, Washington DC, 2010.

［80］ Kim E M. Korea's Evolving Business-Government Relationship [A]. Page J, F. Tarp. The Practice of Industrial Policy: Government-Business Coordination in Africa and East Asia [C]. Oxford: Oxford University Press, 2017.

［81］ Koh P S. Institutional Investor Type, Earnings Management and Benchmark Beaters [J]. Journal of Accounting & Public Policy, 2007, 26 (3): 267 – 299.

［82］ Li H, Zhou L A. Political Turnover and Economic Performance: The Incentive Role of Personnel Control in China [J]. Journal of Public Economics, 2005, 89 (9): 1743 – 1762.

［83］O'Brien K J, Li L. Selective Policy Implementation in Rural China ［J］. Comparative Politics, 1999, 31 (2): 167 – 186.

［84］Perez C C, Bolivar M P R, Hernandez A M L. E-Government process and Incentives for Online Public Financial Information ［J］. Online Information Review, 2008, 32 (3): 379 – 400.

［85］Peter Evans. Embedded Autonomy: States and Industrial Transformation ［M］. NJ: Princeton University Press, 1995.

［86］Rajan R G, Zingales L. Making Capitalism Work for Everyone ［J］. Journal of Applied Corporate Finance, 2010, 16 (4): 101 – 108.

［87］Sally M. Jones. Advances in Taxation (Volume 2) 1989. Tax Press Inc, 2010 (7): 29 – 64.

［88］Sushanta Mallick, Yong Yang. Sources of Financing, Profitability and Productivity: First Evidence from Matched Firms ［J］. Financial Markets, Institutions & Instruments, 2011, 20 (5).

［89］Lucas R. Supply Side Economics: An Analytic Review ［J］. Oxford Economic Papers, 1990: 280 – 325.

［90］Angelopoulos K, Economides G, Kammas P. Tax-Spending Policies and Economic Growth: Theoretical Predictions and Evidence from the OECD ［J］. European Journal of Political Economy, 2007, 23 (4): 885 – 902.

［91］Zimík Petr. Economic Growth and Budget Constraints: EU Countries Panel Data Analysis ［J］. Review of Economic Perspectives, 2016, 16 (2): 87 – 101.

［92］Liu Q, Lu Y. Firm Investment and Exporting: Evidence from China's Value-Added Tax Reform ［J］. Journal of International Economics, 2015, 97 (2): 392 – 403.

［93］Zwick E, Mahon J. Tax Policy and Heterogeneous Investment Behavior ［J］. American Economic Review, 2017, 107 (1): 217 – 248.

［94］ Bianchi M, Gudmundsson B R, Zoega G. Iceland's Natural Experiment in Supply-side Economics ［J］. The American Economic Review, 2001 (5): 1564.

［95］ Azacis H, Gillman M. Flat tax Reform: The Baltics 2000 - 2007 ［J］. Journal of Macroeconomics, 2009, 32 (2): 692 - 708.

［96］ Slemrod J. Is this Tax Reform, or just Confusion? ［J］. The journal of Economic Perspectives, 2018, 32 (4): 73 - 96.

［97］ Konchitchki Y, Patatoukas P N. Accounting Earnings and Gross Domestic Product ［J］. Journal of Accounting & Economics, 2014, 57 (1): 76 - 88.

［98］ Shevlin T, Shivakumar L, Urcan O. Macroeconomic Effects of Corporate Tax Policy ［J］. Journal of Accounting and Economics, 2019.

［99］ Bhattacharya S, Plank M, Günter Strobl, et al. Bank Capital Regulation With Random Audits ［R］. FMG Discussion Papers, 2000 (7).

后　记

涉企收费这个选题贯穿了我毕业以来的研究成果，见证了充满坎坷与野趣的学术之旅。2013年是我在浙江工商大学攻读硕士学位的第一年，国庆前导师在微信群中提到长三角研究生论坛正在征文，鼓励一试。当时自己脑海中对于一篇规范学术论文应具备的结构要件与行文逻辑知之甚少，还处于跨专业学生狂补学科知识的阶段。心潮澎湃地花了几天时间仍无法写出一篇像样的文章，内心中充满挫败感。此刻的我难以奢望一年后学术论坛征文二等奖、两年后征文一等奖时的春风得意。

感谢我的母亲，一位在小学时鼓励我去县城新华书店看闲书，在生日时送我12本《十万个为什么》，在资金不充裕时为我购买400元飞机航模的新时代女性。孩子考到班级第四名的欣喜，落选仪仗队指挥员时的不忿，失利高考时的释然，以及自己人生离场时的不舍与牵挂，她饱满的情绪伴随着我成长。在考研与就业之间摇摆时，她的极力说服帮我走上了更好的道路。夜色渐近的周末傍晚等待爸妈的少年身影，是我对于初中三年寄宿制生活的温情记忆。许久未见，我在努力过得更好，希望如您所愿。

感谢我的爱人，相识自缘分，相处于坚守。每一次人生十字路口都有你的参与，看似轻轻地推一把，但没有人比你更重要。爱人的赞许是对我学术研究的最好慰勉，一直笑称你为"第一审稿人"，涉企收费选题也有你的一份功劳。愿善良、美丽的女人，活出自己的精彩。

　　第一篇发表在南大核心期刊、北大核心期刊的文章，第一项厅级、省级课题，第一个博士学位，这是我未曾设想的人生轨迹，也是自己父辈从未涉及的领域。摸着石头过河，未知的可能性为人生带来了别样的乐趣。2017年我加入浙江金融职业学院，正式成为一名大学教师。于我而言，学术为自己的兴趣、事业与家庭撑起了一片蓝天，此心安处是吾乡。

　　32岁本没有到朝花夕拾感怀人生的年纪，谨以此书纪念和感谢爱我的你们。